Fator Alencar:
ensaios

Fator Alencar:
ensaios

Marcelo Peloggio (Org.)

Relicário

Universidade Federal do Ceará

Casa José de Alencar | UFC

"Este Projeto é apoiado pela
Secretaria Estadual da Cultura
Lei nº 13.811, de 16 de Agosto de 2006"

ceará cultura SECULT

Governo do Estado do Ceará
Secretaria da Cultura

CIP – Brasil Catalogação-na-Fonte | Sindicato Nacional dos Editores de Livro, RJ

P392f

Peloggio, Marcelo
Fator Alencar: Ensaios / Marcelo Peloggio. - Belo Horizonte, MG : Relicário, 2019.

200 p. ; 14cm x 21cm

Inclui índice e bibliografia.
ISBN: 978-85-66786-95-8

1. Literatura brasileira. 2. Ensaios. 3. Alencar, José de, 1829-1877. I. Título.

CDD 869.94
2019-905 CDU 82-4(81)

COORDENAÇÃO EDITORIAL Maíra Nassif Passos
PROJETO GRÁFICO & DIAGRAMAÇÃO Ana C. Bahia
REVISÃO Francisca de Sá Benevides e Isabel Ferreira Lima

RELICÁRIO EDIÇÕES
Rua Machado, 155, casa 1, Colégio Batista | Belo Horizonte, MG, 31110-080
relicarioedicoes.com | contato@relicarioedicoes.com

Nota do organizador

Os textos deste livro certificam algo que, não faz muito tempo, mais precisamente coisa de uns seis anos, fundamentou o pensamento analítico em torno das obras de José de Alencar: a revisitação crítica. Assim, pois, concentraram-se esforços para que esse processo fosse verificado com plena força e pertinência. E o autor de *Iracema* foi pouco a pouco redescoberto, ou melhor, descoberto, porque encarado sob nova perspectiva analítica. Muita luz havia em regiões hoje reconhecidamente cediças: seu paisagismo mágico, sua prosa colorida e sonora, seu nacionalismo e sentimentalismo, sua mensagem civilizadora. Mas luz demais cega, e as regiões pouco iluminadas, com efeito, passaram a reclamar o "privilégio".

Produto das pesquisas realizadas pelo Grupo de Estudos José de Alencar, criado em setembro de 2007 na Universidade Federal do Ceará (UFC), *Fator Alencar: ensaios* surge, portanto, imbuído desse novo sentimento: o de deitar luz sobre essas regiões pouco iluminadas e fazê-las reverberar, de pleno direito, a partir de um silêncio de décadas. Daí o motivo para as abordagens corajosas deste livro, marcadas pelo ineditismo ou aprofundamento de alguns temas, a saber: o do historiador à frente de seu tempo, ou ainda o do psicólogo pouco prestigiado e mesmo o do filósofo panteísta sob o disfarce do principal representante da escola indianista, entre outros.

Que o leitor reconheça, no material que aqui reunimos, esse esforço sincero para a divulgação dessas novas visões sobre a obra de José de Alencar, isto é, não mais sob a perspectiva do nacionalista ingênuo e sonhador, mas, acima de tudo, longe das "regiões azuis", daquele que foi o primeiro a pensar o Brasil de fato, e isso com coragem, beleza e profundidade.

Marcelo Peloggio
UFC

O fator Alencar

Audemaro Taranto Goulart
PUC-Minas

Ícones da literatura – como é o caso de Alencar, na literatura brasileira – estão fadados a uma indesviável condenação, não à condenação da água do esquecimento, como diz Camões n'*Os Lusíadas*, mas a um sepultamento sob uma cerrada bibliografia. Esse soterramento sob montanhas de papel falando deles é o que faz os ícones viverem ainda mais. É o caso deste livro, cujo título já anuncia uma mobilização notória, sobretudo porque o fator é algo que produz um resultado específico. E aqui é a contribuição para que se veja ainda mais verticalmente a obra de José de Alencar.

Se há uma palavra que dá o tom de *Fator Alencar* é a palavra equilíbrio. É sabido que a figura de Alencar, e por ressonância a sua obra, viu-se cercada por inúmeras polêmicas, o que, aliás, ocorre com todos aqueles que ultrapassam a linha imaginária que separa os ícones dos que se misturam em um nível inferior. Daí que muitos imprudentes buscassem desqualificar a obra do escritor cearense, esgrimindo os mais diversos argumentos. E quando se produz um livro como este, que incide tão singularmente sobre a obra do autor de *O guarani*, seria de se esperar uma espécie de mutirão para promover a obra de Alencar em uma linearidade que destacaria o seu lado luminoso. Mas o livro percorre, como disse, a senda do equilíbrio, projetando a inegável qualidade da obra, mas também destacando inúmeros pontos que foram alvo de críticas. Lembro, a título de ilustração, as críticas a um vezo descritivo exagerado que Freitas menciona e a justificativa do idealismo em Alencar, colocada por Peloggio e Siqueira, a qual se sustenta por si mesma, mas que, nem por isso, deixa de repassar agudos reparos de alguns críticos, como Joaquim Nabuco, quanto à presença da inverossimilhança na obra do autor.

A pertinência das abordagens feitas nos ensaios pode ser verificada em um ligeiro inventário feito aqui, começando por dizer que a sedutora dimensão épica de algumas narrativas de Alencar aponta um trânsito de heróis cuja representação foi aproximada do herói clássico, o qual aparece, por exemplo, nas epopeias homéricas, destacando a proximidade e a especificidade guardadas em relação a elas pelas personagens alencarinas, como se pode ver nos ensaios de Silva, Vasconcelos, Freitas e Agrela.

As personagens do escritor cearense sempre surpreendem, e, muitas vezes, não devido a sua densidade heroica, mas, significativamente, pela dimensão humana que se pode extrair de imersões psicológicas que Alencar faz nelas. Lembre-se, nesse aspecto, do emblemático par Aurélia-Seixas, como está em Gadelha, e de Estácio, o solitário caçador de si mesmo mostrado por Vasconcelos.

É imprescindível dizer que José de Alencar foi o que se poderia chamar de sujeito polissêmico: além de escritor de romances, crônicas e peças teatrais, foi um tribuno convincente e político respeitado. Seu descortino na recepção de obras de outrem revela um crítico consciente que maneja com sabedoria os mecanismos dos padrões estéticos que existem ou deveriam existir na fatura da obra literária. Jamais abriu mão de tais padrões, como revelam suas posições quanto à inviabilidade do uso de linguagens estranhas em obras indianistas e à falta de senso estético em autores como Bernardo Guimarães e Gonçalves de Magalhães, criticando ainda neste último equívocos como a artificialidade do desenho nacionalista, aspectos bem delineados em Fontineli. É também digna de registro a distinção que Freitas faz entre o mundo grego das epopeias, marcado pela totalidade, e o mundo romanesco, na modernidade, em que se faz viva a fragmentação. Alencar trabalhou tais contrastes em sua galeria de heróis e o fez de modo tão convincente que o leitor mais avisado há de perceber nas narrativas que trabalham o heroísmo os ecos da famosa afirmação de Lukács, quando o filósofo húngaro diz que os gregos não faziam perguntas porque só tinham respostas.

Também fica salientado o modo como Alencar posicionou-se na recepção das novidades vindas da Europa, momento em que uma panaceia de viés científico procurou estabelecer parâmetros para a concepção e investigação da obra literária. Entre tais investidas, a teoria de Taine da valorização da raça, do meio e do momento histórico ganhou muito terreno, mas José de Alencar, com muita lucidez, pôs tais premissas em questão, como se pode ver no ensaio de Lima.

Um dos aspectos que mostra de modo significativo o discernimento crítico de Alencar está na sua compreensão da natureza como elemento estético. Nesse ponto, são importantes as evocações da obra de Schiller, quem, sem dúvida alguma, teorizou de forma mais substantiva os mecanismos agenciadores da estética. As extrações que Agrela faz do *Poesia ingênua e sentimental* do poeta e dramaturgo alemão, visando iluminar a postura de Alencar na sua cosmovisão da natureza, são muito importantes.

É oportuno salientar que as críticas feitas ao exagero nas descrições da natureza em Alencar decorrem de uma obtusidade de leitura. A natureza não é simples cenário na obra do autor; pelo contrário, pode-se afirmar que ela tem uma funcionalidade semântica decisiva nas narrativas. Em *O guarani*, a natureza tem uma dimensão erótica anunciada por todo o livro, em uma espécie de preparação para a cena final em que fica nitidamente caracterizado o acasalamento de Cecília e Peri. Basta atentar para os traços da natureza sugeridos nessa relação.

É preciso também reconhecer a existência de uma utopia no horizonte intelectual de Alencar. Trata-se, na verdade, de uma utopia que tem nítido caráter revolucionário. Lembro tal aspecto a partir do texto de Peloggio e Siqueira, quando sugerem a faceta de um Alencar educador. Mesmo reparando que o autor não foi um educador no sentido técnico e tradicional, falam da pertinência de tal aproximação quando se trabalha o idealismo alencarino e, sobretudo, quando se valem das reflexões de Schiller em que se destaca a busca do homem estético, um ser que encarnaria perfeitamente o ideal da perfectibilidade humana, tal como colocado no ensaio. Mas é preciso também lembrar que essa figura do homem estético é concebida a partir de uma regeneração, na medida em que o homem, após divorciar-se da natureza pela sofisticação, voltará a ela pela compreensão racional de que essa é uma trajetória necessária.

Como se verá, a utopia de Alencar de contribuir para a promoção da perfectibilidade humana tem tudo a ver com a utopia schilleriana do homem estético. E é aqui que entra a dimensão revolucionária. Ao comparar o desequilíbrio entre as séries do significante e do significado, no seu *Lógica do sentido*, Deleuze mostrou como esse desequilíbrio inaugurador da própria condição da linguagem é agenciador de inúmeros outros que se dão no mundo social. Nesse ponto, como diz Deleuze, surge a figura do revolucionário "inscrevendo seu sonho de revolução permanente. Ora, este sonho é ele próprio ação, realidade, ameaça efetiva sobre toda a ordem estabelecida e torna possível aquilo com que ele sonha". É por aí que se pode ver a figura do Alencar educador.

Os aspectos levantados mostram a pertinência das abordagens feitas, revelando o que se poderia chamar de leitura inteligente. Seria oportuno lembrar a composição etimológica do termo "inteligência", que, em latim, corresponde a *intus legere*, ou seja, "ler dentro". Isso que explica a verticalidade das leituras a que me referi, uma vez que ler dentro é a possibilidade de se ler além daquilo que a materialidade das palavras sugere na sua exposição pura e simples. Foi isso que Octavio Paz, citando Arthur Waley, indicou ao lapidar uma concepção de linguagem: "o valor das palavras reside no sentido que ocultam. Ora, esse sentido não é senão um esforço para alcançar algo que não pode ser alcançado realmente pelas palavras". Com efeito, o sentido aponta para as coisas, assinala-as, mas não as alcança jamais. Os objetos estão mais além das palavras". Essa afirmação tem tudo a ver com a necessidade de se ler dentro, alcançando um outro nível sugerido pelas palavras. Por tudo isso, pode-se dizer que *Fator Alencar* é uma contribuição significativa ao estudo da obra do criador de *Iracema* e, por essa via, ao estudo da literatura.

O fator Alencar em sua multiplicidade: novas perspectivas

Danielle Cristina Mendes Pereira
UFRJ

Em sua obra *Revolta e melancolia*, Michael Löwy apontou a amplitude e a complexidade do movimento romântico ao metaforizá-lo como um "quebra-cabeça chinês", isto é, como um daqueles jogos de montar, como o tangram, cujas poucas peças conseguem combinar-se de modo plural e criativo, conformando uma miríade de figuras. A imagem construída por Löwy aplicar-se-ia à obra de Alencar, não apenas por esta pertencer ao domínio do Romantismo, porém, sobretudo, por conta deste autor abrigar em sua produção escrita um amplo espectro de interesses e práticas nas quais a experiência literária, expressa em produção profícua e numerosa, é apenas uma das suas faces. O percurso pelos escritos políticos, filosóficos e críticos são outras peças do quebra-cabeça armado por José de Alencar. Peças que não são aleatórias, mas antes convergem em diálogos instigantes, revelados aos olhares atentos e interessados em ir além dos caminhos já traçados pela fortuna crítica tradicional, a qual deve ser considerada, logicamente, e ainda mais valorizada em suas possibilidades de suscitar questionamentos e percepções diversas sobre a obra avaliada.

Esse olhar atento e interessado sobre a obra de Alencar, a partir da revisão crítica e da busca de novos caminhos para a reflexão sobre a sua produção, está presente no Grupo de Estudos José de Alencar. Nesta coletânea de ensaios, compostos por membros do grupo e organizado pelo seu líder, professor Marcelo Peloggio, temos a oportunidade de acessar os produtos oriundos de um trabalho coletivo de investigação. Por meio de pesquisas sérias e de reflexões pautadas pela leitura teórico-crítica consistente, desdobram-se percepções instigantes acerca da obra alencarina, interessadas em reconhecer e entender a sua potência literária.

Nesse sentido, *Fator Alencar* apresenta-se como uma obra crítica literária dotada de visões estimulantes acerca do universo estético de José de Alencar, que só poderiam ser concebidas após um esforço de estudo e reflexão amplo e consistente, diante de uma obra de fôlego que clama pela força de novas leituras, para que se possam conformar outras combinações com as peças do quebra-cabeça alencarino. Contamos, aqui, com ensaios que embarcam, com ousadia e dedicação intelectual, na tarefa de refletir sobre um dos escritores mais relevantes do Brasil, cuja obra reverbera no imaginário com grandeza e força.

Em "*O guarani*: a construção do herói clássico de um romance moderno", de Sandra Mara Alves da Silva, a proposta é a de investigar os modos de construção do protagonista de *O guarani*, a partir de discussões estéticas relevantes, em torno das fricções entre o romance moderno de ação e a epopeia clássica, com base nos conceitos de unidade de ação e de lógica, lidos, principalmente, à luz da poética aristotélica. Assim, problematiza Peri como "um verdadeiro herói épico intencionalmente criado dentro de uma narrativa histórica moderna", repensando-o em um entrelugar fora de uma oposição monolítica entre a obra épica e o romance moderno.

O texto subsequente, bem como os demais que compõem esta coletânea, condiz com a qualidade do primeiro. Nele, intitulado "Seixas e Aurélia: uma reconfiguração", Dariana Gadelha discute aspectos acerca da construção da personagem romanesca em Alencar, partindo da análise de Fernando Seixas, de *Senhora*. Discute como o perfil ficcional de Seixas difere do herói clássico, rompendo com o maniqueísmo romanesco, uma vez que esta personagem constrói-se marcada por conflitos psicológicos, bem como pelas mudanças de foco. Embora seja esse um traço marcante dos futuros romances realistas introspectivos, a presença de uma "atmosfera realista" não é apontada com tranquilidade, antes é detidamente analisada e questionada na abordagem feita pela autora sobre o romance, que a pensa também em torno da protagonista, Aurélia, e até mesmo em um personagem secundário, como Lemos.

Já em "O herói em sua busca individual em *As minas de prata*", Arlene Fernandes Vasconcelos investiga a categoria do herói, com o suporte teórico de Aristóteles, Tiniánov e Forster. Intenta estabelecer as especificidades da epopeia e do romance, e do herói nas duas formas literárias, a fim de pensar a organização de Estácio, de *As minas de prata*, como um herói que, como outros presentes na obra de Alencar, "segue uma lógica própria, de busca por ideais particulares". Tal premissa põe em xeque a presença de traços épicos no herói alencarino, apesar de reconhecer nele "certo caráter épico", e aponta para o seu afastamento da visão heroica hegeliana.

O texto posterior, "José de Alencar: da crítica literária ao belo poético", escrito por Patrícia Rodrigues Fontineli, examina as relações entre o pensamento estético presente nos textos críticos de Alencar e a sua prática de escrita, pensadas através da tríade literatura, sociedade e linguagem. Orienta as suas reflexões para a hipótese de que Alencar convergia a sua produção crítica e literária para uma perspectiva moderna, em consonância com as "concepções teóricas acerca do que é moderno". Em cima dessa perspectiva, discute a concepção do belo em Alencar, diante da tensão romântica entre o ideal e o grotesco, e as conexões entre o poético e as imagens da ideia, a partir da premissa de que estas convergem para o "Belo do Pensamento, Belo da Natureza e Belo do Sentimento".

Por sua vez, em "Uma reflexão acerca do universo heroico na obra *O gaúcho* de José de Alencar", Gabriele Freixeiras Freitas discute como o autor tece um projeto literário amparado na noção de diversidade regional brasileira, à qual se vinculariam percepções específicas sobre a linguagem e a literatura. Tal projeto alinhar-se-ia ao nacionalismo romântico e encontraria na ficção romanesca um meio importante para a sua consolidação, o que levou o autor a cunhar a expressão "romances brasileiros". A figura de um homem que comporia esse ideário nacional estaria representada nos protagonistas heroicos dessas obras, percebidos em contraste aos moldes clássicos do herói épico e moldados em nuances que traduziriam o espírito romântico.

Em sequência, Suellen Carneiro de Lima debate em "A ligação com o meio: concepções de literatura em José de Alencar e na Academia Francesa do Ceará" os diálogos entre os românticos e a geração de 70, apontando como ponto de convergência entre ambos "a elaboração de uma história e uma literatura nacionais que levasse em conta os fatores naturais", especialmente a partir das proposições de Taine. A análise dialógica entre os dois grupos foca as concepções de literatura, muito especialmente entre Alencar, como representante romântico, e Rocha Lima e Capistrano de Abreu, como membros da Academia de Letras do Ceará.

A questão da poesia ingênua e sentimental, tão cara aos pré-românticos alemães, é discutida em "O princípio por meio do fim: o ingênuo e o sentimental em José de Alencar", de Rodrigo Vieira Ávila de Agrela. O ensaio explora os três romances indianistas de Alencar e o romance urbano *Sonhos d'ouro*. Debate as representações da natureza e do progresso na obra alencarina, mostrando como a figuração literária do espaço natural em tais obras assume a função de um instrumento simbólico de resistência à experiência do progresso, percebida pela visão romântica, muitas vezes, como apressada e desastrosa. Por essa via, defende-se a ideia de que haveria nos romances de Alencar a presença de um "protesto literário", que, por sua vez, dialogaria com a figuração do ingênuo e do sentimental, em conexão ao ideário alemão.

Por fim, o ensaio "José de Alencar, o educador", de autoria de Marcelo Peloggio e Ana Marcia Alves Siqueira, explora a face propedêutica da obra alencarina. O texto compreende a presença de um "ensino do ideal" não somente nos romances de Alencar, mas em toda a sua obra, nos variados gêneros que a compõem. Esse projeto pedagógico estaria ligado ao desejo de incutir no público leitor algo superior ao encantamento proporcionado pela leitura. Trata-se da aprendizagem da humanidade, isto é, do "sentimento de humanidade em sua plenitude". O ensino da dimensão humana é correlato, na proposta de Alencar, à noção do ideal. Essa, por sua vez, atrela-se à "natureza e [a]o modo de ser para então culminar no belo artístico", em uma perspectiva solidária. Ao problematizarem a perspectiva dessa educação pelo ideal na obra de Alencar, os autores abordam aspectos como a misantropia e a figuração valorativa da natureza, bem como questionam a viabilidade e o alcance desse projeto e da noção de idealização a ele correlata.

As peças que compõem o quebra-cabeça da obra de Alencar estão aqui em combinações inovadoras e potentes. Cumprem com excelência o desafio de enfrentar as múltiplas faces de uma obra rica em possibilidades, a depender das perguntas que se faça. Nesse sentido, as indagações apresentadas são revitalizantes e trazem a promessa de catalisar em nós, leitores, novas e importantes chaves de compreensão para uma obra inesgotável.

O guarani: a construção do herói clássico de um romance moderno

Sandra Mara Alves da Silva[1]

O guarani: a busca de uma definição

Para Araripe Júnior (1980, p. 131), *Iracema* (1965) talvez seja a obra mais espontânea de José de Alencar, porque nela "reina uma comoção tamanha, que só o amor do objeto presente, ou a reminiscência fortemente impregnada de saudade, poderia bem explicar". Em parte, podemos concordar com o pensamento do crítico, pois realmente as impressões da viagem feita na infância pelos sertões do Ceará e da Bahia foram elementos decisivos na formação do romance em questão, como indica o próprio autor em *Como e porque sou romancista* (Alencar, 1951, p. 49-74). Porém, não foram os únicos elementos, uma vez que essas reminiscências, associadas a um conhecimento estético-literário profundo e a uma ânsia de formar um Brasil literariamente independente, preceituados nas cartas de 1856, resultaram na criação de *Iracema*. Semelhante procedimento

1. Doutoranda do curso de pós-graduação em Literatura Comparada da Universidade Federal do Ceará (UFC).

deu-se com *O guarani* (1951), que, assim como a obra que narra os fatos da vida da guardiã do segredo da jurema, nasceu das lembranças do escritor, trabalhadas dentro do ideal nacionalista indianista que dominava o país.

Edwin Muir (1928), em *A estrutura do romance*, divide as obras literárias de forma romanesca em grupos, levando em consideração alguns "padrões"[2] de estrutura, enredo e personagem. Entre esses grupos, destaca-se aquilo que o crítico chama de romance de ação. As narrativas dessa natureza interessam ao leitor principalmente pelos acontecimentos que se seguem uns aos outros, em outras palavras, o maior interesse de quem lê esse tipo de obra está relacionado ao que vem depois de uma ação do herói, independentemente do que seja, desde que surpreenda e satisfaça a necessidade do maravilhoso. A cada nova ação da personagem central, o leitor vai-se envolvendo naquilo que é narrado, movido pela curiosidade sobre os fatos. O enredo desses romances compõe-se a partir de uma ação que causa uma reação, seguida de outra e depois outra. Um evento banal, explica Muir (1928, p. 7-9), terá consequências inesperadas; por conseguinte, vários acontecimentos envolverão a protagonista, que a tudo superará por meio de sua força, astúcia, inteligência e com o auxílio de elementos extraordinários.

O romance de ação em muito assemelha-se à epopeia clássica, em que o enredo é construído em torno de uma ação

2. Edwin Muir (1928, p. 6) não acredita na eficácia do termo "padrão", o qual considera controverso, e profere que termos como "ritmo", "superfície", "ponto de vista", assim como "padrão", devem ser esquecidos na abordagem de um romance. No entanto, como esses são os únicos elementos de que a crítica dispõe, eles precisam ser utilizados, mas com certo cuidado e observando o seu caráter maleável: "Aderimos com preguiça a estes termos, mas não acreditamos realmente que um romance tenha um padrão como um tapete ou um ritmo como uma canção".

heroica, embelezada por episódios de ficção ou fábula, cuja sustentação baseia-se principalmente na presença do maravilhoso (Boileau-Despréaux, 2012, p. 46). A epopeia gira em torno dos feitos magníficos de um homem que está acima dos outros homens e que tem as suas ações guiadas pelos deuses e seus atos têm sempre o objetivo maior de garantir o bem-estar de um povo, não sendo determinados por desejos pessoais, mas pela aspiração coletiva.

Tanto a epopeia quanto o romance de ação fazem parte do gênero épico em seu sentido substantivo, como fora pensado por Anatol Rosenfeld (2008, p. 17) em *O teatro épico*, no qual o crítico problematiza a divisão das obras literárias em gêneros a partir de duas acepções, uma substantiva e outra adjetiva. Ele acredita que os gêneros "épico", "lírico" e "dramático", na primeira acepção, relacionam-se, respectivamente, aos substantivos "A Épica", "A Lírica" e "A Dramática", os quais dizem respeito à estrutura de cada gênero.

Já a acepção adjetiva refere-se exatamente aos traços estilísticos de cada obra independentemente de seu gênero. Assim, uma peça teatral pertencente ao gênero "drama" ou "A Dramática", por exemplo, pode ser lírica, quando identificamos em seus traços estilísticos o derramamento de um "eu" a expor o seu mais íntimo estado de ânimo (Rosenfeld, 2008, p. 18). É o que observamos em *Hamlet* (Shakespeare, 2006, p. 369-544), com seus longos solilóquios líricos que nos revelam o que se passa no interior das personagens, em especial nos espaços mais escondidos do coração e da mente do príncipe atormentado pela verdade sobre a morte do pai.

Rosenfeld (2008, p. 18), no entanto, ressalta que não existe uma obra essencialmente épica, ou lírica, ou dramática, no sentido adjetivo, pois os delineamentos estilísticos interagem dentro de uma obra bem realizada, apresentando em certos momentos um estilo bem definido e, em outros, um estilo diferente, que se torna mais marcado. Porém, o comum é que, na totalidade do objeto literário, um desses traços se sobressaia em relação aos demais, configurando, assim, o seu gênero. Ainda utilizando *Hamlet* como exemplo, podemos reconhecer várias sequências líricas, porém, a sequência dialogal e a representação das personagens, por meio da *performance* dos atores, configuram esse texto como sendo pertencente ao gênero dramático e não ao lírico.

A princípio, podemos entender que *O guarani* paira entre o romance de ação e a epopeia por apresentar elementos no seu enredo e traços de seu protagonista que contemplam os dois gêneros. O romance alencarino gira em torno das façanhas heroicas de Peri, dignas de um herói homérico, as quais revelam, a cada novo acontecimento dentro da narrativa, uma nova faceta da nobreza, valentia, justiça, astúcia e, sobretudo, dedicação do índio a um objetivo maior: salvar sua senhora. Já a constituição do enredo d'*O guarani*, publicado inicialmente em folhetim, segue características estilísticas de um romance de ação. Ao fim de cada capítulo, o leitor fica na expectativa pelos novos acontecimentos advindos da ação anterior do aborígene, o que acaba atraindo ainda mais a atenção do espectador, que se vê preso à obra pela curiosidade sobre o destino do herói, de sua senhora e das demais personagens.

Ora, assim como o romance de ação, a epopeia também atrai pelas façanhas de seu herói e pela curiosidade de quem lê em descobrir o que acontecerá àquela personagem a cada nova aventura, ou seja, nas duas formas literárias há um enredo construído a partir de uma cadeia de eventos postos em ordem, indicando um começo, um meio e um fim bastante interligados. E é justamente essa cadeia de eventos que exerce fascínio sobre o leitor que, iniciando a leitura da narrativa, deseja alcançar o seu fim e desvendar o resultado de todas as proezas do protagonista.

Porém, o romance de ação, delineado por Edwin Muir (1928, p. 7-8), dispensa a logicidade de espaço e ação narrativa, em detrimento da necessidade única de agradar, ou seja, "nem ações, nem lugares têm qualquer relação precisa uns com os outros; os eventos podem ocorrer em qualquer ordem". A ação do herói é uma "fuga perpétua" entre um acontecimento e outro, entre uma realização grandiosa e outra, as quais não necessariamente precisam apresentar qualquer unidade; a personagem protagônica[3] mal se recuperou de uma situação, ocorrida em um lugar qualquer, e já se vê inserida em um novo acontecimento, que pode suceder-se em um espaço totalmente diferente do anterior, com novos problemas para solucionar, novas personagens para interagir e novos elementos maravilhosos para garantir a sua vitória e a satisfação do público.

A epopeia, em contrapartida, segue o princípio da unidade de ação e o encadeamento de fatos intimamente relacionados, a ponto de até perderem o sentido se um desses fatos for retirado ou posicionado em outra ordem de continuidade. Para Aristóteles, um homem pode realizar várias proezas durante a vida, mas, quando postas em sequência, nem sempre resultarão em uma ação una. Para que haja unidade de ação é necessário que os feitos do herói restrinjam-se a um acontecimento, em outras palavras, para que um poeta, ao imitar os atos de um herói em seu poema, alcance a unidade de fábula é necessário

3. Expressão cunhada por Anatol Rosenfeld (1996, p. 15) para identificar a personagem central de uma obra.

manter-se atento aos atos que dizem respeito somente a um fato específico, não se perdendo em situações desligadas dele:

> Mas Homero, assim como é superior em tudo o mais, parece ter visto também isso, por conhecimento ou pelo gênio. Ao narrar a *Odisseia*, não relatou todas as experiências do herói Ulisses [...] ele a compôs em torno de uma ação única, como a compreendemos, e assim também o fez com a *Ilíada*. (Aristóteles, 2000, p. 47)

Quando escolheu narrar o retorno de Odisseu ao lar, Homero precisou selecionar os acontecimentos que se ligavam à ação que desejava representar, não se atendo a episódios anteriores à Guerra de Troia ou aos que levaram o seu herói a se perder no regresso ao lar. A ação una de Homero, em *Odisseia*, é o caminho traçado por Ulisses quando de volta a Ítaca, narrando os pormenores dos seus magníficos feitos durante o percurso, e não fora dele.

É nesse sentido de unidade de ação e sequência lógica no encadeamento dos fatos que *O guarani* afasta-se gradativamente do romance de ação e se aproxima da epopeia clássica. José de Alencar narra os episódios que giram em torno da proteção da jovem Cecília por parte do indígena. A cada nova cena em que o senhor das matas brasileiras aparece, as dificuldades que surgem na concretização desse desejo vão aumentando e, também, vão sendo superadas, a ponto de, ao final, restarem vivos apenas Peri e Ceci.

> A cúpula da palmeira, embalançando-se graciosamente, resvalou pela flor d'água como um ninho de garças ou alguma ilha flutuante, formada pelas vegetações aquáticas.

> Peri estava de novo sentado junto de sua senhora quase inanimada; e, tomando-a nos braços, disse-lhe com um acento de ventura suprema:
>
> – Tu viverás!
>
> Cecília abriu os olhos e vendo seu amigo junto dela, ouvindo ainda suas palavras, sentiu o enlevo que deve ser o gozo da vida eterna.
>
> [...]
>
> Ela embebeu os olhos nos olhos do seu amigo, e lânguida reclinou a loura fronte.
>
> O hálito ardente de Peri bafejou-lhe a face.
>
> Fez-se no semblante da virgem um ninho de castos rubores e lânguidos sorrisos: os lábios abriram como as asas purpúreas de um beijo soltando o vôo.
>
> A palmeira arrastada pela torrente impetuosa fugia...
>
> E sumiu-se no horizonte... (Alencar, 1951b, p. 540-541)

Peri e Ceci, sentados sobre o tronco da palmeira em meio à inundação, perdem-se no horizonte levados pela água do rio que fora o cenário inicial do romance. Essa é a última grande façanha do herói para salvar a sua senhora. Podemos considerar que todos os grandes feitos do índio, anteriores a esse, apenas serviram de preparação para o grande acontecimento final. Em outras palavras, o romance vai crescendo em situações que exploram todos os predicados de seu herói e toda a sua dedicação à senhora, para que, ao fim, os dois possam ser salvos em decorrência das atitudes grandiosas do índio.

Os acontecimentos narrados na obra estão intimamente ligados, e Alencar não canta as proezas de seu indígena à toa, mas porque cada uma delas está relacionada à unidade de ação de seu romance. Todos os eventos do livro colaboram para o seu final, não havendo desvio do foco da narrativa. O narrador não se prende a todos os fatos da vida do silvícola, mas somente àqueles que dizem respeito ao ponto central do seu romance: a dedicação do selvagem à filha de D. Antônio e a união, simbólica, do branco com o índio.

Mesmo quando o leitor se vê retornando a fatos do passado das personagens, por meio de *flashback*, e esquecendo-se um pouco do presente que até então vinha sendo contado, esse retorno também está em consonância com o ponto central de que falamos. É o caso do capítulo II, intitulado "Iara", da segunda parte do livro (Alencar, 1951b, 219-220), cuja narração dedica-se ao primeiro contato de Peri com a família Mariz:

> Compreenderam da história de Peri, que uma índia salva havia dois dias por d. Antônio das mãos dos aventureiros e a quem Cecília enchera de presentes de velórios azuis e escarlates, era a mãe do selvagem.
> – Peri, disse o fidalgo, quando dois homens se encontram e ficam amigos, o que está na casa do outro recebe a hospitalidade.
> – É o costume que os velhos transmitiram aos moços da tribo, e os pais aos filhos.
> – Tu cearás conosco.
> – Peri te obedece.
> A tarde declinava; as primeiras estrelas luziam. A família, acompanhada por Peri, dirigiu-se a casa e subiu a esplanada. (Alencar, 1951b, 219-220)

A obra inicia-se com a narrativa apresentando Peri como servo e protetor de Ceci, e a família considerando-o aliado com os cuidados da menina, sendo, portanto, esse capítulo um meio para a exposição dos motivos que tornaram o índio o guardião da jovem loira e um amigo querido da família de D. Antônio. A mãe de Peri fora salva por D. Antônio das mãos de aventureiros e ganhara muitos presentes de Ceci. Sentindo-se em dívida com a família, o índio decidiu dedicar sua vida à filha do fidalgo português, inclusive salvando-lhe a vida sempre que ela estivesse em perigo. A volta ao passado justifica ainda o final do livro, quando Cecília permanece sã e salva devido à proteção do selvagem, ou seja, o episódio "Iara" harmoniza-se completamente com o todo da obra, como exige Aristóteles, não sendo apenas um ornamento multiplicador de páginas.

Dessa forma, *O guarani*, mesmo sendo comumente classificado como um romance histórico, apresenta traços que o ligam à epopeia, provavelmente por ambos pertencerem à Épica, em sentido substantivo atestado por Anatol. Esses traços ganham proeminência especialmente quando se observa mais de perto as ações de Peri, que em muitos aspectos foge à imagem do índio legitimamente brasileiro e aproxima-se dos heróis cristalizados da literatura clássica tornados mitos.

Peri *versus* Aimbire: o verdadeiro herói clássico brasileiro

Em 1856, Gonçalves de Magalhães buscou a afirmação nacional brasileira por meio da composição de um poema épico intitulado *A confederação dos tamoios*, no qual pretendia dar ares de herói nacional ao índio Aimbire, procurando imprimir-lhe traços comuns aos heróis das epopeias clássicas.

Em *Cartas sobre A confederação dos tamoios* (1953), José de Alencar (*in* Castello, 1953) faz profundas reflexões sobre os heróis das grandes epopeias, tendo como referência grandes escritores desse tipo de texto, a exemplo de Homero e Virgílio, a fim de pensar o personagem maior do poema de Magalhães.

A partir das reflexões do escritor cearense, observa-se que o poeta divulgador do Romantismo para o Brasil não teve grande êxito na criação de seu protagonista, e tais indicações servem tanto para refletirmos sobre o processo de construção de heróis clássicos como para pensarmos no próprio processo de composição da personagem masculina de maior destaque dos romances indianistas alencarinos, Peri.

Alencar, em suas cartas, critica o protagonista d'*A confederação dos tamoios*, Aimbire, por considerá-lo uma má realização do herói ao modo clássico, merecendo, portanto, um melhoramento formal. Com nosso foco voltado para a personagem protagônica do romance de José de Alencar em contraposição à do poema de Magalhães – de acordo com o que aparece descrito nas missivas de censura – e tendo em vista o herói aos moldes de uma epopeia, podemos questionar: que elementos apresenta Peri, em oposição a Aimbire, que o tornam digno dos grandes homens dos tempos homéricos? Que dados de sua realidade o afastam totalmente desses homens? Seria realmente o protagonista d'*O guarani* um herói aos moldes clássicos atuante em uma forma própria do século XIX?

O índio real era livre, não pertencia, pois, a uma classe social estigmatizada, era totalmente adverso a esforços disciplinados e tinha preferência por atividades predatórias, como a caça e a pesca. Tais características ajustavam-se perfeitamente à nobreza e tornavam o indígena o elemento ideal na composição do heroico cavalheiro medieval (Sodré, 1969, p. 275) ou do herói clássico. *O guarani* – nascido de um sentimento entusiástico do passado e da preocupação que o Brasil teve, na época, de mostrar que sua formação e evolução civilizacionais acabavam sempre por se impor a seus valores fundamentais (Amora, 1967, p. 37) – vivifica em Peri o verdadeiro representante desse índio-herói honrado e disposto a tudo para alcançar seu objetivo maior: proteger sua senhora. O índio literário alencarino é idealizado, é perfeito em suas ações grandiosas e em seu caráter, diferentemente do que Alencar (1953, p. 35) observa no selvagem pintado por Magalhães, que, para ele, é apenas um índio valente, mas não um herói:

> Quanto a Aimbire, que nos seis primeiros cantos representa um papel bem insignificante, no fim do poema revela uma irresolução e uma fraqueza de espírito que não assenta no protagonista de uma grande ação [...].
>
> O chefe dos tamoios, sequioso de vingança pelo cativeiro de sua amante; disposto a fazer aos portugueses uma guerra de morte; possuído desse ódio violento que o poeta descreve no canto oitavo, ataca de improviso o Sr. Vicente: parece-lhe que vai arrasar tudo a ferro e fogo.
>
> Pois bem: no mais tarde do combate, Anchieta [...] vem entregar Iguassu ao seu amante: imediatamente soa o sinal de retirada, que *ainda hoje* não se sabe quem deu; e Aimbire, apesar de seu ódio e de sua vingança, retira-se muito satisfeito, e vai casar-se. Depois parece ainda firme nos seus sentimentos hostis, e declara que nunca fará paz com os portugueses, a quem tem em conta de maus e traidores; mas chegam Anchieta e Nóbrega, e sem o menor trabalho resolve o chefe a aceitar a paz, contanto que o deixem gozar tranquilamente de suas terras do Guanabara.
>
> Não é tudo ainda: Anchieta insiste, porque além da paz quer a conversão dos índios [...] Aimbire zanga-se, não quer mais a paz, não promete nada mais, e exige a entrega dos prisioneiros.
>
> Estou longe, meu amigo, de pretender que Aimbire fosse sábio como Ulysses, e prudente como Enéas; mas é inegável que a fraqueza de caráter, a indecisão, não é própria de um herói, sobretudo de um herói de poema, cuja vontade deve dominar

toda a ação dramática ou histórica. (Alencar, 1953, p. 39-40, grifos do autor)

Para o autor cearense, do início ao fim da epopeia do vate brasileiro, é impossível reconhecer o papel protagônico de Aimbire, pois suas ações destoam daquelas esperadas do herói de um poema épico, não apresentando a valentia, a coragem e, sobretudo, o caráter resoluto reconhecido nas personagens de Homero e Virgílio. A facilidade com que Aimbire muda de opinião, deixando-se levar por quaisquer argumentos e não honrando sua palavra, que, na época, era sinal de honra, é prova de que tal personagem não apresenta as características esperadas do herói de uma ação épica, para quem a vontade e a determinação devem estar acima dos desejos de outrem.

Aristóteles (2000, p. 43-44) assevera que as ações de um herói épico, semelhantemente ao herói trágico, devem ter como causas naturais o seu caráter e a sua ideia, sendo o caráter a composição de suas qualidades, e a ideia, os pensamentos que o movem. Essas causas, tanto na epopeia quanto na tragédia, são sempre elevadas, e os homens imitados, sempre superiores. Magalhães, pelo o que verificamos no texto transcrito acima, infringe essa regra tão conhecida daqueles que se dedicam aos estudos dos clássicos, porque, como observa o escritor cearense, seu herói está distante de ser movido pelas causas naturais de que se nutrem os grandes homens do passado.

Quando nos voltamos para a leitura de *O guarani*, por outro lado, vemos um forte índio a segurar uma enorme rocha para impedir que ela caia sobre Cecília (Alencar, 2000, p. 43-44), ou a manter-se atento a todos os movimentos impetuosos da natureza selvagem, a fim de evitar que o simples flutuar de um galho sobre as águas do rio possa assustar sua protegida (Alencar, 1951a, p. 156-162). Peri revela-se um homem que agrega as mais nobres e elevadas qualidades (valentia, sagacidade, respeito, dedicação, inteligência), além de ser impelido por um único desejo, o qual está acima das vontades de qualquer outra personagem: manter sua senhora sempre livre de todo o risco e satisfazer-lhe os anseios, mesmo que para isso tenha de arriscar a própria vida:

> O plano que Peri combinara para salvar seus amigos acabava de revelar-se em toda a sua abnegação sublime e com um cortejo de cenas terríveis e monstruosas que deviam acompanhar a sua realização.
>
> Confiado nesse veneno que os índios conheciam com o nome de *curare*, e cuja fabricação era um segredo de algumas tribos, Peri com a sua inteligência e dedicação descobrira um meio de vencer ele só aos inimigos, apesar do seu número e da sua força [...].
>
> Dois frutos bastaram; um serviu para envenenar a água e as bebidas dos aventureiros revoltados; o outro acompanhou-o até o momento do suplício, em que passou de suas mãos aos seus lábios.
>
> Quando o cacique vendo-o cobrir o rosto perguntou-lhe se tinha medo, Peri acabava de envenenar o seu corpo, que devia daí a algumas horas ser um germe de morte para todos esses guerreiros bravos e fortes.
>
> O que porém dava a esse plano um cunho de grandeza e de admiração, não era somente o heroísmo do sacrifício; era a beleza horrível da concepção, era o pensamento superior que ligara tantos acontecimentos, que os submetera à sua vontade, fazendo-os suceder-se naturalmente e caminhar para um desfecho necessário e infalível [...].
>
> Atacando os Aimorés a sua intenção era excitá-los à vingança; precisava mostrar-se forte, valente, destemido, para merecer

que os selvagens o tratassem como um inimigo digno de seu ódio. Com a sua destreza e com a precaução que tomara tornando o seu corpo impenetrável, contava evitar a morte antes de poder realizar o seu projeto; quando mesmo caísse ferido, tinha tempo de passar o veneno aos lábios.

A sua previsão porém não o iludiu; tendo conseguido o que desejava, tendo excitado a raiva dos Aimorés, quebrou a sua arma e suplicou a vida ao inimigo; foi de todo o sacrifício o que mais lhe custou.

Mas assim era preciso; a vida de Cecília o exigia; a morte que o havia respeitado até então podia surpreendê-lo; e Peri queria ser feito prisioneiro, como foi, e contava ser.

O costume dos selvagens, de não matar na guerra o inimigo e de cativá-lo para servir ao festim da vingança, era para Peri uma garantia e uma condição favorável à execução do seu projeto [...].

Segundo as leis tradicionais do povo bárbaro, toda a tribo devia tomar parte no festim, as mulheres moças tocavam apenas na carne do prisioneiro; mas os guerreiros a saboreavam como um manjar delicado, adubado pelo prazer da vingança; e as velhas com a gula feroz das harpias que se cevam no sangue de suas vítimas.

Peri contava pois com toda a segurança que dentro de algumas horas o corpo envenenado da vítima levaria a morte às entranhas de seus algozes, e que ele só destruiria toda uma tribo, grande, forte, poderosa, apenas com o auxílio dessa arma silenciosa. (Alencar, 1951b, p. 459-460)

Peri, sozinho, arquitetara e realizara todo o plano de destruição dos inimigos de D. Antônio, a saber, a tribo dos aimorés e os aventureiros revoltosos, no intuito de salvar sua senhora e mantê-la viva e feliz ao lado daqueles que ama. Envenenou, primeiramente, a água que os aventureiros beberiam e, em seguida, fez-se inimigo digno de ser devorado pelos canibais, matando, assim, os selvagens por intermédio de seu corpo, já tomado pelo veneno. Em momento algum o herói de *O guarani* desiste de sua resolução, mantendo-se firme nos seus propósitos, motivado pelo seu desejo maior, a vida de Cecília. Nem mesmo a morte iminente foi capaz de fazê-lo mudar de posição, levando a cabo cada passo de seu terrível plano.

Os homens imitados nos poemas podem ser de boa ou de má índole, daí a máxima aristotélica de que os poetas imitam homens melhores, piores ou iguais a nós, e, assim como as tragédias, as epopeias cantam os homens superiores ao que são (Aristóteles, 2000, p. 38-39), apresentando os seus heróis uma nobreza de pensamento e ação, comuns aos homens divinos que representam. O herói de Magalhães, de acordo com o afirmado pelo autor de *Ubirajara*, não está à altura dos heróis épicos da tradição clássica, apresentando, por vezes, dúvidas e covardias mais peculiares a um herói de romance moderno do que a um tipicamente homérico, ao passo que Peri é sempre o centro da ação heroica e não se deixa cair em dúvidas que o façam voltar atrás nas decisões tomadas.

As cenas de coragem do jovem índio vão, aos poucos, moldando o seu caráter. A cada nova façanha, um aspecto do herói das matas seculares do Brasil vai-se revelando, até seu perfil ser totalmente delineado. A narração das bravas ações do índio dedica-se a apresentar ao leitor a composição de uma personalidade firme, decidida e disposta a tudo para manter viva a sua senhora, o centro de seus pensamentos. Desde o início do romance, quando nosso olhar volta-se para a luta entre Peri e uma onça, apenas para satisfazer um capricho da mocinha, não somos enganados, estamos realmente diante de uma obra que nos promete "grandes rasgos de heroísmo, força hercúlea, abnegação, fidelidade, amor jurado e cumprido" (Meyer *in* Alencar, 1965, p. 255).

Sabe-se que o plano de aniquilamento dos inimigos não se concretiza, pois Álvaro e outros cavalheiros chegam à tribo em socorro de Peri, mesmo não tendo sido convocados, e o indígena acaba não morrendo, porque sua senhora deseja-o vivo e ao seu lado. Tal façanha não questiona o caráter do indígena alencarino, ao contrário, confirma que suas ações são sempre motivadas por sua vontade, que sempre prevalece a todos os contratempos, inclusive à morte, o que o diferencia, indiscutivelmente, do herói de Magalhães, pois este não torna claro o seu objetivo, mudando as suas resoluções ao correr dos acontecimentos.

A vontade do herói, conforme acredita Alencar (*in* Castello, 1953, p. 40), deve dominar sobre toda a ação dramática ou histórica; é o que ele não vê se realizando em *A confederação dos tamoios* e é o que reconhecemos no romance de José de Alencar. Portanto, podemos entender que o pensamento do autor cearense presente nas cartas serviu de base para a composição do herói d'*O guarani*, pois a ideia que guia as ações de Peri, a vontade dominadora de seus impulsos, é o desejo maior de ver a jovem filha do fidalgo português satisfeita nos seus anseios mais simplórios.

E, para tanto, ele enfrentou oponentes verdadeiramente poderosos, os quais pouco tempo depois levaram à destruição o castelo arquitetado pelo fidalgo português. Para fazer-se herói, o jovem guerreiro guardião da filha de D. Lauriana precisava de inimigos que não lhe fossem inferiores (Rosenfeld, 1996, p. 26), e os aimorés não os eram. Em verdade, compunham uma tribo terrível que "se alimentava de carne humana e vivia como feras, no chão e pelas grutas e cavernas" (Alencar, 1951b, p. 184). O plano foi traçado unicamente por Peri, que fora responsável também pela execução de toda a ação e pelos resultados obtidos. A decisão tomada e os sofrimentos advindos foram enfrentados corajosamente por ele, sem que outro tomasse partido em relação àquilo que o índio decidira fazer, e mesmo sem a concretização do plano, porque acima de tudo estava o desejo de Ceci. Assim, podemos dizer que Peri representa um verdadeiro herói épico intencionalmente criado (Castello, 1953, p. XVIII) dentro de uma narrativa histórica moderna.

Peri, herói moderno em vestes clássicas

Mesmo com toda a coragem, sabedoria e astúcia, dignas de um herói épico clássico, Peri permanece sendo um herói moderno de um romance histórico que vive em um tempo igualmente histórico, pois, assim como Boileau (2012, p. 44), o escritor cearense reconhece que não cabe aos heróis épicos sustentar a personalidade dos homens representados em romances, sendo necessário conservar em cada personagem "um caráter que lhe é próprio".

O índio alencarino é movido por individualismos suscitados pela devoção à Cecília. O sentimento de coletividade não domina suas ações, e a "categoria do outro", que reina em uma epopeia, não é central em suas atitudes, mas, sim, a "categoria do eu", própria do mundo moderno e da forma romanesca (Lukács, 2007, p. 47-48), evidenciada no desejo individual de proteger sua senhora e vê-la bem e feliz.

A busca de Peri por objetividade está na felicidade de Ceci, o centro do seu mundo, e não no bem coletivo de seu povo e das demais personagens do romance. Ele age com o intuito individualista de manter segura a sua senhora, incorrendo em ações grandiosas próprias do mundo fechado e essencial épico (Lukács, 2007, p. 59), que o aproximam e distanciam ao mesmo tempo do herói da epopeia, pois o objetivo é estritamente pessoal.

A "idolatria fanática" do silvícola à menina loira, semelhante à deusa dos brancos, está acima de tudo, e para manter-se fiel a esse sentimento o índio comete os maiores atos de heroísmo. Em nome do desejo particular de satisfazer cada vontade de Cecília, Peri abandona os antigos irmãos e desfaz laços maternais para viver em devoção à sua senhora. Quanto mais dedicado à jovem loira, mais semelhante ao herói de um romance histórico que age movido por paixões individuais, por anseios íntimos.

A personagem central do romance alencarino em questão não chega a ser exatamente uma personagem de um romance de ação, pois ela tem importância igual ou até superior aos resultados de cada um de seus feitos, e o enredo valoriza a presença e ajuda a compor e resolver cada situação problemática em que se situa. Também não chega a ser um herói de epopeia dentro dos moldes clássicos descritos pelas poéticas, pois suas atitudes giram em torno de seus desejos pessoais relativos a Ceci. Ciente de que a principal função da poesia épica antiga é consagrar seus heróis aos olhos da contemporaneidade e da posterioridade (Hauser, 1982, p. 95), Alencar reuniu no herói de *O guarani* elementos de várias obras do gênero épico em sentido adjetivo, a fim de perpetuar a fama do jovem índio na literatura nacional.

Ao compor *O guarani*, o escritor cearense conseguiu organizar e realizar em forma de romance as discussões próprias do período em que escrevera. Sua crítica ao herói de Magalhães lhe concedeu aparato para criar Peri, não incorrendo em "erros" de realização. Consciente de que um herói essencialmente épico em pleno século XIX não seria possível, conseguiu criar uma personagem da era moderna com traços de um herói de epopeia, inclusive na sua descrição física, que ajuda a criar uma atmosfera heroica para a personagem.

Referências

ALENCAR, José de. "Cartas sobre A confederação dos tamoios". In: CASTELLO, José Aderaldo. *A polêmica sobre "A confederação dos tamoios"*. São Paulo: Faculdade de Filosofia, Ciências e Letras da USP, 1953.

______. "Como e porque sou romancista". In: ______. *O guarani*. Tomo 1º. Rio de Janeiro: José Olympio, 1951a.

______. *O guarani*. Tomo 1º. Rio de Janeiro: José Olympio, 1951a.

______. *O guarani*. Tomo 2º. Rio de Janeiro: José Olympio, 1951b.

AMORA, Antônio Soares. *A literatura brasileira*: o romantismo. São Paulo: Cultrix, 1967.

ARARIPE JÚNIOR, Tristão de Alencar. *Luizinha*: perfil literário de José de Alencar. Rio de Janeiro: José Olympio, 1980.

ARISTÓTELES. *Poética*. Tradução de Baby Abrão. São Paulo: Nova Cultural, 2000. (Coleção Os Pensadores).

BOILEAU-DESPRÉAUX, Nicolas. *A arte poética*. São Paulo: Perspectiva, 2012.

CASTELLO, José Aderaldo. *A polêmica sobre "A confederação dos tamoios"*. São Paulo: Faculdade de Filosofia, Ciências e Letras da USP, 1953.

HAUSER, Arnold. *História social da literatura e da arte*. Tomo I. Tradução de Walter H. Geenen. São Paulo: Mestre Jou, 1982.

LUKÁCS, Georg. *Teoria do romance*. Tradução de José Marcos Mariani de Macedo. São Paulo: Editora 34, 2007.

MEYER, Augusto. "Alencar". In: ALENCAR, José de. *Iracema* – Lenda do Ceará. Edição de Centenário. Rio de Janeiro: José Olympio, 1965.

MUIR, Edwin. *A estrutura do romance*. Tradução de Maria da Glória Bordini. Porto Alegre: Globo, 1928.

ROSENFELD, Anatol. *O mito e o herói no moderno teatro brasileiro*. São Paulo: Perspectiva, 1996.

______. *O teatro épico*. São Paulo: Perspectiva, 2008.

SHAKESPEARE, William. "Hamlet". In: ______. *Tragédias e comédias sombrias*: obras completas. Tradução de Bárbara Heliodora. Rio de Janeiro: Nova Aguilar, 2006.

SODRÉ, Nelson Werneck. *História da literatura brasileira*: seus fundamentos econômicos. Rio de Janeiro: Civilização Brasileira, 1969.

Seixas e Aurélia: uma reconfiguração

Dariana Gadelha[1]

Seixas: de personagem oportunista a personagem regenerado

Com o projeto literário e nacionalizador que tinha em mente, era de se esperar que o autor de *Lucíola* trouxesse em seus romances heróis "talhados para as grandezas" (Proença, 1972, p. 72), como afirmou Cavalcanti Proença, pois a nova nação "não poderia servir de palco a heroizinhos cotidianos, de vidinhas domésticas e sem relevo" (*Ibid.*). Contudo, é necessário fazer ressalvas acerca dessa ideia, uma vez que há em alguns romances alencarinos personagens que se apresentam sem nenhuma característica própria dos heróis; mostram-se antes como homens prosaicos, o que rompe com a concepção de herói generalizada de que trata Cavalcanti Proença. É o que se pode perceber, por exemplo, em Fernando Seixas. Conforme Antonio Candido (*in* Alencar, 1977, v. VII, p. XX), Seixas pode ser classificado como personagem simultâneo, pois ele é um

1. Doutoranda do curso de pós-graduação em Literatura Comparada da Universidade Federal do Ceará (UFC).

dos personagens de Alencar em que o "bem e o mal perdem praticamente esta conotação simplista para darem lugar à humaníssima complexidade com que agem", ou seja, características pouco heroicas. Seixas apresenta aspectos que o aproximam de Lemos, tutor de Aurélia, como o caráter oportunista e a adequação à segunda natureza.[2]

Fernando é um personagem que carrega em si a chamada cor local, tal qual Lemos, representando um tipo da sociedade (cf. Balzac, 2011, p. 389). Nele se reflete o típico leão – como eram conhecidos os mancebos da época, voltados aos luxos e divertimentos da corte –, almejando ascensão social, deixando-se modelar facilmente pelas convenções, agindo de acordo com o que lhe fosse conveniente. Nesse sentido, do começo até meados do romance, há várias passagens da narrativa em que se concede ênfase ao caráter do personagem como esse homem tipicamente maleável, que age de acordo com as convenções, sem refletir sobre elas:

> Seixas era homem honesto; mas ao atrito da secretaria e ao calor das salas, sua honestidade havia tomado essa têmpera flexível de cera que se molda às fantasias da vaidade e aos reclamos da ambição.
> Era incapaz de apropriar-se do alheio, ou de praticar um abuso de confiança; mas professava a moral fácil e cômoda, tão cultivada atualmente em nossa sociedade.
> Segundo essa doutrina, tudo é permitido em matéria de amor; e o interesse próprio tem plena liberdade, desde que transija com a lei e evite escândalo. (Alencar, 1977, v. VII, p. 212)

2. Conceito do crítico Georg Lukács (2009), em que a segunda natureza seria as convenções do mundo e a primeira natureza, a alma e os anseios do homem.

Sendo coerente com seu caráter de homem gasto, Seixas é um dos personagens alencarinos que enxerga "a sociedade brasileira como um campo de concorrência pela felicidade e bem-estar" (Candido, 1977, v. VII, p. 16), apresentando postura semelhante à de Lemos. Dessa forma, Fernando beira o oportunismo, do qual se tem conhecimento por meio do acesso do leitor aos pensamentos do personagem, acompanhando seus conflitos interiores, seus sentimentos e suas intenções, pois "os projetos de Seixas se resumem a fugir de qualquer casamento que possa significar reclusão no espaço doméstico e privação material; e a ambicionar um dote matrimonial que lhe permita arranjar-se financeiramente" (Pontieri, 1988, p. 86).

Pode-se observar, a partir do exposto, que Seixas apresenta características típicas de um aproveitador, uma vez que compreende que as relações sociais, sobretudo o casamento, são uma maneira de ascender socialmente. Assim, é seguindo esse seu modo de entender as relações em sociedade que "transita" entre as pretendentes. Abandona Aurélia para unir-se a Adelaide Amaral, visando ao dote e a uma pequena ascensão, bem como para livrar-se da responsabilidade de casar com uma moça pobre; em seguida, rompe com Adelaide, comprometendo-se com uma mulher desconhecida, objetivando, agora, o dote de cem contos de réis e uma ascensão ainda maior. É o que se pode observar e confirmar, quanto aos seus interesses de crescer socialmente, por meio da introspecção do personagem. Ora, Seixas repreende-se a si próprio após refletir sobre sua união com Aurélia, mesmo lhe nutrindo algum sentimento, uma vez que, para ele, o importante e interessante seria uma união que viesse acompanhada da ascensão financeira: "Quando Seixas convenceu-se de que não podia casar-se com Aurélia, revoltou-se contra si próprio. Não se perdoava a imprudência de apaixonar-se por uma moça pobre e quase órfã, imprudência a que pusera remate o pedido do casamento" (Alencar, 1977, v. VII, p. 45). Desse modo, percebe-se claramente no romance de Alencar a representação dos "(...) conflitos interiores de suas protagonistas, divididas entre o coração e a consciência, entre as suas inclinações pessoais e as convenções sociais (...), criando uma narrativa essencialmente dramática e psicologicamente realista" (Vasconcelos, 2002, p. 72).

Seixas revela seu caráter interesseiro e egocêntrico não somente em relação a Aurélia. Ele censura sua imprudência em permitir que a paixão por uma moça pobre, de algum modo, pusesse termo a seus projetos, bem como à vida galante que ostentava, mas também avalia, criticamente, o matrimônio com Adelaide Amaral:

> Calculou os encargos materiais a que ia sujeitar-se para montar casa, e mantê-la com decência. Lembrou-se quanto avulta a despesa com o vestuário duma senhora que frequenta a sociedade; e reconheceu que suas posses não lhe permitiam por enquanto o casamento com uma moça bonita e elegante, naturalmente inclinada ao luxo [...].
>
> Encerrar-se no obscuro, mas doce conchego doméstico; viver das afeições plácidas e íntimas; dedicar-se a formar uma família, onde se revivam e multipliquem as almas que uniu o amor conjugal; essa felicidade suprema não a compreendia Seixas. O casamento, visto por este prisma, aparecia-lhe como um degredo, que inspirava-lhe indefinível terror.
>
> Jamais poderia viver longe da sociedade, retirado desse mundo elegante que era sua pátria, e o berço de sua alma. As naturezas superiores obedecem a uma força recôndita. É a predestinação.

> Uns a têm para a glória, outros para o dinheiro; a dele era essa, a galanteria. (Alencar, 1977, v. VII, p. 244)

É importante observar que o mundo interior do personagem se mostra como um campo de conflitos íntimos, de contradições psicológicas. Embora nutra sentimentos por Aurélia, deseja livrar-se do enlace matrimonial, ao passo que se revolta com a ideia de romper com a promessa de união. Com Adelaide também se observa o mesmo conflito, ou melhor, uma dubiedade, visto que decide se casar tendo por interesse o dote e o pretexto de isentar-se da obrigação de unir-se a Aurélia. Porém, após avaliar as vantagens e desvantagens, Seixas já busca uma maneira de conseguir livrar-se, também, da nova responsabilidade:

> [...] começava a sentir o peso do novo jugo a que se havia submetido.
> O casamento, desde que não lhe trouxesse posição brilhante e riqueza, era para ele nada menos que um desastre. [...] A promessa feita ao pai de Adelaide era explícita e formal. Em caso algum Seixas se animaria a negá-la, e faltar desgarradamente à sua palavra; mas como não se obrigara a realizar o casamento em prazo fixo, esperava do tempo, que é grande resolvente, uma emergência feliz que o libertasse. (Alencar, 1977, v. VII, p. 244)

Observa-se no romance alencarino uma abordagem muito clara de cunho psicológico, uma vez que o leitor tem acesso aos conflitos interiores de Fernando Seixas, aos seus pensamentos, sentimentos, medos, interesses e intenções, os quais são desvendados através do narrador onisciente, permitindo que se conheçam as razões que motivam sua conduta, bem como pelas mudanças de foco, passando da terceira pessoa para a primeira, mostrando que, como se verá mais tarde com os romances realistas de introspecção, "a ação nunca vale por si, pelo que exprime de vontade consciente e firme, mas pelo que exprime das regiões mais subterrâneas do homem, pelo que pode coordenar seu subconsciente" (Montenegro, 1953, p. 102).

Nesse sentido, tendo acesso ao interior de Seixas, pode-se dizer que o personagem tem suas relações baseadas na segunda natureza, acatando assim as convenções, que até lhe favorecem, visto não se mostrarem totalmente contrárias às suas volições, mas conferindo razoabilidade às suas atitudes. Ademais, como já foi mencionado, o comportamento oportunista de Seixas assemelha-se ao de Lemos, pois ambos os personagens, cada um a seu modo, visam à ascensão por meio das relações em sociedade. Vale ressaltar, contudo, que Seixas difere do tutor de Aurélia ao sofrer uma regeneração, ao passo que Lemos não se modifica.

Assim, a mudança do comportamento e do caráter de Seixas na narrativa ocasiona uma alteração de conceituação do ser fictício. Não é um grave equívoco que um personagem se desloque da condição de plano para a condição de esférico, todavia, para que não se perca a verossimilhança, é necessário que essa alteração, acompanhada pelo leitor, seja realizada como um processo e não de modo repentino. Nesse sentido, em decorrência da condução do narrador ao mostrar a rápida modificação do personagem, o romance alencarino perde sua força realista, bem como o seu personagem perde esse caráter real, uma vez que se divide em dois caracteres bastante distintos.

Seixas apresenta-se inicialmente como um homem gasto da sociedade, que enxerga nas relações sociais uma maneira de ascender socialmente e ajudar sua família, auxílio que ele poderia ter dado e situação que poderia ser modificada com alguns meses de economia, mas o leão fluminense se nega a realizar essas privações que comprometeriam a galanteria social, pois seria um "aniquilamento do eu" (Alencar, 1977, v. VII, p. 244) renunciar a ela, reconhecendo-se, assim, incapaz de realizar tal atitude. A problemática está, portanto, no fato de muita ênfase ser concedida, no início da narrativa, à inclinação do caráter de Seixas para os luxos, para a valorização da aparência e para as galanterias, aspectos importantes para a sociedade, inclinação essa que se confirmava com frequência pelas atitudes e pelos pensamentos do personagem. Desse modo, vale salientar, não seria inverossímil a mudança de Seixas, mas sim a sua súbita mudança.

Com a repentina transformação de seu comportamento, tem-se a impressão de haver no romance dois personagens. Um, no início da narrativa, que é o homem gasto e possuidor de traços arrivistas; o outro, que se apresenta do meio para o final do romance, já regenerado, que, apesar de ter alcançado todo o luxo que gostaria de ostentar, nega-se a usufruí-lo, nem mostra sofrimento com a situação de estar tão próximo a tudo que gostaria de ter e não desfrutar tais bens, concentrando-se apenas em conseguir reaver sua pessoa e sua liberdade vendidas, prescindindo, inclusive, da sua importância perante a sociedade.

Dessa maneira, o personagem apresenta-se incongruente para o leitor, pois não há um processo, um decurso regenerativo, uma vez que Seixas mostra-se transformado no dia seguinte à noite de núpcias, dia em que Aurélia revela a real condição de cada um deles. Alencar foge, portanto, do que conceitua Antonio Candido (2009, p. 76-77) de verossimilhança interna literária:

> O que julgamos inverossímil, segundo padrões da vida corrente, é, na verdade, incoerente, em face da estrutura do livro. Se nos capacitarmos disto - graças à análise literária - veremos que, embora o vínculo com a vida, o desejo de representar o real, seja a chave mestra da eficácia dum romance, a condição do seu pleno funcionamento, e portanto o funcionamento das personagens, depende dum critério estético de organização interna. Se esta funciona, aceitaremos inclusive o que é inverossímil em face das concepções correntes.

Assim, é complicado para o leitor aceitar como verdadeira a transformação pela qual passa Seixas, uma vez que o rompimento parece contraditório com todo o comportamento e pensamentos do personagem dos quais se tinha conhecimento anteriormente, pois o que "importa é o que haja de unidade espiritual - a verossimilhança íntima" (Montenegro, 1953, p. 105), e a alteração do personagem impossibilita que se confirme essa coerência da sua natureza. Embora o personagem possa "'reformar-se' de súbito, violando com isso a forma repetitiva no interesse da progressão silogística" (Burke, 1953 [1931], p. 133), terá geralmente como perda a verossimilhança da obra, rompendo com a lógica dos desenvolvimentos dos fatos.

É certo que a vingança de Aurélia, com toda a sua carga de humilhação, poderia sim, ao ferir o orgulho de Fernando, regenerá-lo, o que não soa inverossímil, mas o personagem parece não sofrer ao renunciar aos luxos que tanto lhe apraziam. Por mais que habite uma mansão nas Laranjeiras, tenha à sua disposição um carro, todo um enxoval da mais alta qualidade, não necessitando de trabalho para manter a vida luxuosa que desejara, renega todos esses benefícios de modo um pouco insensível e indiferente. O seu sofrimento está mais relacionado às humilhações que Aurélia o faz passar, ou ao próprio sentimento que nutria por ela. Talvez a solução para que o romance ganhasse mais em verossimilhança, fazendo-se mais coerente com o seu início, fosse, sim, a regeneração de Seixas, porém, sendo apresentado esse processo aos poucos, uma vez que "numa obra de arte literária, a 'motivação' deve intensificar a 'ilusão da realidade', que vem a ser, afinal, a sua função artística. A motivação 'realista' é um artifício artístico. Em arte, parecer é ainda mais importante do que ser" (Wellek; Warren, 1955, p. 275).

Seria relevante, pois, para fortalecer a ideia de realidade, que a regeneração de Seixas ou sua revivificação fossem mais coerentes com o real, ocorrendo aos poucos, mostrando seus sofrimentos e sacrifícios durante sua reparação.

Nesse sentido, é válido abordar em Seixas a sua classificação, conforme a divisão de Forster acerca dos seres fictícios, quanto a ser plano ou redondo. Contudo, é de se ressaltar a dificuldade de aproximar Fernando de um desses conceitos, tendo em vista a sua dubiedade e sua modificação de caráter no romance.

Conforme Forster (2004, p. 92), o personagem plano não se altera com as circunstâncias, mas permanece o mesmo, e esse não é o caso de Seixas, uma vez que, como já exposto, depois de unir-se a Aurélia, o personagem apresenta uma completa mudança de postura e de caráter, rompendo assim com a definição de personagem plano. Complicada também seria sua classificação como personagem esférico, pois, seguindo o pensamento do crítico, tal personagem "é capaz de nos surpreender de maneira convincente", o que não ocorre com Seixas: quando este nos surpreende, torna-se inverossímil. Qual o leitor que, tendo acesso ao interior de Seixas, conhecendo as intenções do personagem, surpreender-se-ia com suas trocas de pretendentes e sua vontade de livrar-se dos encargos matrimoniais ao perceber que teria de renunciar à vida elegante que ele dizia ser a sua pátria? Nesse ponto, Seixas não surpreende. Não surpreende no contexto romanesco, nem apresenta uma atitude que o leitor pensasse ser fora do comum a ponto de causar surpresa. Surpreende a sua mudança repentina, como já foi mencionado; porém, tal surpresa não o respalda como personagem redondo, uma vez que é nesse aspecto que perde em realidade e, consequentemente, em densidade humana.

Assim, partindo do que foi mencionado, percebe-se a fragilidade da classificação concedida aos personagens, uma vez que, em alguns romances, as figuras fictícias não se enquadram literalmente em tais classificações, por abarcarem características não apenas de uma categoria, mas de ambas (no caso, a categoria de plano e redondo). Ademais, nota-se, ainda, a fragilidade da condução narrativa que, ao apresentar repentinamente a mudança pela qual passa Fernando Seixas, torna o personagem um tanto inverossímil, enfraquecendo a atmosfera realista do romance.

Aurélia: não tão romântica

A frase inicial[3] de *Senhora* é carregada de uma noção bastante romântica acerca da protagonista. A personagem alencarina surge envolta das concepções do ideal de mulher do Romantismo, uma vez que Aurélia não é mais uma entre tantas moças bonitas da Corte; é ela "a rainha dos salões", "a deusa

3. "Há anos raiou no céu fluminense uma nova estrela" (Alencar, 1977, v. VII. p. 182).

dos bailes", "a musa dos poetas", "o ídolo dos noivos".[4] Sua perfeição abarca não somente o ideal de beleza, mas também o de bondade e pureza romântico. O primeiro capítulo da obra é destinado a apresentar Aurélia Camargo não muito em seu aspecto físico, mas principalmente em relação ao seu caráter inconformado e revoltado quanto às práticas sociais. Antes de tornar-se a rainha dos salões fluminenses, Aurélia era uma moça pobre, que vivia humildemente com a mãe e o irmão, de modo abnegado, conformada com a sua condição.

Ao tornar-se a mais nova e formosa milionária do Rio de Janeiro, ao receber a herança de seu avô, o narrador informa que

> A riqueza, que lhe sobreveio inesperada, erguendo-a subitamente da indigência ao fastígio, operou em Aurélia rápida transformação; não foi, porém, no caráter, nem nos sentimentos que se deu a revolução; estes eram inalteráveis, tinham a fina têmpera de seu coração. A mudança consumou-se apenas na atitude, se assim nos podemos exprimir, dessa alma perante a sociedade. (Alencar, 1977, v. VII, p. 253)

É observando essa não alteração do caráter de Aurélia, o seu tom superior às mesquinharias e à pequenez dos demais personagens, os quais de alguma forma mostram-se moldáveis, sem princípios, orientando-se pelas riquezas e pelos jogos de favores, que Schwarz pode mostrar como a protagonista destoa em meio a uma sociedade pautada no interesse, na aparência, na valorização materialista e das posições sociais. Para o crítico, a personagem representa, assim, outra realidade, de modo que a ficção realista de Alencar perde força. Schwarz (2000, p. 43) aponta ainda como falha na personagem alencarina a "falta [de] complexidade a seus polos. A riqueza fica

4. *Ibidem.*

reduzida a um problema de virtude e corrupção". É certo que todo o romance delimita-se a abordar a perversão do homem em face da riqueza, mas não se pode negar a ausência de um caráter dúbio e contraditório de Aurélia que não concedesse complexidade à personagem.

Apesar de ter por essência a bondade e a pureza, de acordo com a tendência romântica, a heroína, ao tornar-se milionária, não rejeita a possibilidade de vingar-se de Seixas, e assim "arquiteta e executa seus projetos" (De Marco, 1990, p. 82) de reparação. É válido recordar que não é somente em relação a Fernando que Aurélia revela seu caráter calculista, mas também em relação a Lemos, mais precisamente em razão da carta que o tio lhe enviara, quando ainda era uma moça pobre, dispondo-se a empresariar as relações da sobrinha, a fim de obter vantagens. Assim, a protagonista também se vinga, de certo modo, do seu tutor, não de uma forma direta, mas de uma maneira "dissimulada": "De primeiro impulso, Aurélia pensou em revoltar-se contra essa nomeação, mostrando ao juiz a infame carta que lhe escrevera o tio; mas além de repugnar-lhe o escândalo, sorriu-lhe a ideia de ter um tutor a quem dominasse" (Alencar, 1977, v. VII, p. 253).

Embora apresente os ideais de beleza, pureza, bondade e sensibilidade das heroínas românticas, Aurélia já mostra traços de uma personagem não tão bem contornada, ou, melhor dizendo, que não se limita a uma qualidade como as personagens planas. Ora, encontrando-se rica, Aurélia utiliza-se da sua nova condição para comprar o marido que deseja – aderindo a um costume da sociedade que condena –, a fim de vingar-se; com o tio, a personagem não se vale de disfarces, deixando claro que o governo de seus bens pertence somente a ela, de modo que o papel de tutor que Lemos tanto ambicionava é frustrado, cabendo-lhe apenas o título de protetor, sem, no entanto, sê-lo de fato, pois a moça podia dominá-lo, "por entender que [a] carta seria uma prova irrefutável de condenação e que, possuidora de tão importante trunfo, passaria a ter esse senhor como refém e, inevitavelmente, como seu aliado" (Moraes, 2005, p. 88).

Observa-se, assim, que as circunstâncias mais sinuosas e delicadas em que a sensibilidade, o sentimento e o orgulho ferido de Aurélia poderiam aflorar, dando ênfase ao seu caráter até então romântico, acabam por não se confirmar, não vêm à tona, mas são suplantadas pelo seu desejo de vingança que faz com que esses seus sentimentos sejam abafados. Apresenta assim a personagem uma atitude um tanto diversa, pois não age baseada em sentimentalismos, mas se orienta friamente, sufocando seus ímpetos de revolta – que também a vingariam, mas de modo rápido e imediato –, antepondo uma vingança que tem certa permanência e durabilidade. Nesse sentido, a percepção que se tem de Aurélia como típica heroína romântica, pode-se dizer, ganha novo ângulo, novo relevo, mostrando-a como portadora de maior densidade humana, portadora de uma capacidade para encobrir suas fraquezas e seus sentimentos, revelando então frieza; em outras palavras, a personagem domina os impulsos, apresentando certa insensibilidade, ainda que seja dissimulada, a qual se nota em suas feições, como se pode aferir na seguinte passagem:

> Era uma expressão fria, pausada, inflexível, que jaspeava sua beleza, dando-lhe quase a gelidez da estátua. Mas no lampejo de seus grandes olhos pardos brilhavam as irradiações da inteligência. Operava-se nela uma revolução. O princípio vital da mulher abandonava seu foco natural, o coração, para

> concentrar-se no cérebro, onde residem as faculdades especulativas do homem. (Alencar, 1977, v. VII, p. 191)

É nesse ponto que reside a complexidade de Aurélia, no seu caráter contraditório e dúbio, uma vez que a personagem reúne em si ao mesmo tempo a sensibilidade e, quando a situação exige, a supressão dessa instância, agindo estrategicamente, bem como se porta de forma ambígua ao nutrir intenso sentimento por Seixas, mas não renuncia à oportunidade de humilhá-lo e fazê-lo sofrer, ainda que também padeça com o casamento de aparências por ela articulado, apresentando "um estranho recalque sádico-masoquista que dá músculo e relevo" (Candido *in* Alencar, 1977, v. VII, p. XIX) ao romance e, sobretudo, à protagonista. Assim, apesar das variadas críticas dirigidas ao autor cearense e aos seus personagens, Américo Valério surpreende ao afirmar que

> Alencar é, antes de tudo, genuíno psicológico freudiano [...] não só devassou, em alto coeficiente psicológico freudiano [...] os caprichos, tiques, segredos e pecados da consciência e espírito femininos, como esquadrinhou os temperamentos humanos, em vários de seus trabalhos. Erram os que encaram, em sua obra definitiva, a imaginação apenas luxuriante. (Valério, 1931, p. 94; p. 189)

Nota-se que Aurélia é uma personagem problemática, com desencontros psicológicos, típica do romance moderno. Seu embate com o mundo centra-se na sua posição contrária ao que ditam as convenções sociais, pois, na sua perspectiva, tais convencionalismos rebaixam os homens. Nesse sentido, pode-se pensar que, diante do modo pelo qual a protagonista compreende a sociedade, ela mesma não se rebaixaria, nem se permitiria guiar pelas convenções; contudo, ao tratar de seus interesses, de concretizar seus projetos, Aurélia acata as normas sociais, o que concede importância aos desejos individuais da personagem, os quais mostram força, fazendo com que a protagonista aceite as convenções outrora rechaçadas por ela, não somente por ter cedido ao casamento por conveniência, mas também no sentido de portar-se, vestir-se, segundo as regras que uma pessoa de sua classe deve obedecer:

> – A riqueza também tem sua decência. Casou-se com uma milionária, é preciso sujeitar-se aos ônus da posição. Os pobres pensam que só temos gozos e delícias; e mal sabem a servidão que nos impõe esta gleba dourada. Incomoda-lhe andar de carro? E a mim não me tortura este luxo que me cerca? Há cilício de clina que se compare a estes cilícios de tule e seda que eu sou obrigada a trazer sobre as carnes, e que me estão rebaixando a todo o instante, porque me lembra, que aos olhos deste mundo, eu, a minha pessoa, a minha alma, vale menos que esses trapos? (Alencar, 1977, p. 276)

É revelado, dessa maneira, um princípio de dualidade da personagem, uma vez que repudia, escarnece e ironiza, frequentemente, os demais por se deixarem governar por essas normas, que subvertem os valores, mas ao tratar dos seus interesses pessoais, Aurélia adéqua-se às convenções, ainda que as utilize apenas como um meio temporário para realizar seus planos. É, pode-se dizer, um conflito entre a primeira e a segunda natureza, em que aquela, representando a essência e a vontade pura do homem, rende-se a esta última, a fim de realizar seus objetivos, visto que o mundo tornou-se indiferente às suas vontades. Desse modo, essa ambiguidade mostra que Aurélia se distancia do conceito de personagem plano, aproximando-se do conceito de personagem esférico, pois foge aos seus princípios, a fim de alcançar seus interesses, mostrando-se capaz de surpreender.

À luz de seu desejo particular, a protagonista sustenta um casamento de aparência, com o qual o casal sofre, embora na visão das pessoas, a união de Aurélia e Seixas configure-se perfeita. Vale ressaltar que essa ilusão muito colabora para que ambos suportem a situação em que se encontram, pois somente o casal protagonista sabe que por trás dessa configuração apolínea, do casamento exemplar e harmônico, que "não houve quem não invejasse a felicidade do par formoso que Deus havia acumulado de todos os dons" (Alencar, 1977, p. 295), reina uma tensão entre uma mulher que deseja vingar-se e um homem que, já resignado ao seu papel de propriedade, de objeto, mostra-se obediente como um escravo e apático diante das atitudes humilhantes de sua dona.

Pode-se dizer que Aurélia também é uma representante da cor local, embora Schwarz afirme que essa cor no romance alencarino é introduzida pelos personagens secundários. Ora a heroína apresenta inicialmente a realidade de uma família pobre, ora a realidade da riqueza no outro extremo, de modo que não é coerente dizer que a personagem não traz em si a cor local por não mostrar contradições, assimetrias sociais, uma vez que esses conceitos não estão obrigatoriamente conectados. Desse modo, é possível aproximar Aurélia do conceito de cor local por ser, também, um tipo da sociedade, pois representa a nova milionária da Corte, cobiçada por todos.

Partindo do exposto, é notável que o surgimento de personagens mais humanos ocorrera já no Romantismo com José de Alencar. Aurélia e Seixas, ou mesmo Lemos, são mais verossímeis, mostram-se passíveis de certa análise psicológica, em razão da profundidade e da densidade humana que apresentam. Não são personagens marcadamente bons ou maus. Ainda que se mostrem como tipos, representando uma espécie social, fogem à concepção plana, no sentido de apresentarem durante toda a narrativa uma só postura. Em suma, mostram densidade humana por agirem como convém à situação, guiados por interesses íntimos e pessoais, de modo que "(...) a concepção psicológica, subjacente às personagens de Alencar, apresenta uma surpreendente complexidade, muito distante de sua esquematização superficial" (Leite, 1967, p. 159).

Assim, os personagens do romance alencarino analisado não são tão românticos a ponto de estarem um pouco acima do homem comum e sendo quase incomparáveis com esse homem; mas são, antes, portadores de vícios, virtudes, angústia, medo, rancor e orgulho, sentimentos comuns a todos.

Referências

ALENCAR, José de. *Romances ilustrados de José de Alencar. Lucíola, Diva, Senhora*. 7. ed. Rio de Janeiro: José Olympio; Brasília: INL, 1977, v. VII.

BALZAC, Honoré de. "História, sociedade, romance". In: ACÍZELO, Roberto. *Uma ideia moderna de literatura*: textos seminais para os estudos literários (1688-1922). Chapecó, SC: Argos, 2011.

BURKE, Kenneth. *Teoria da forma literária*. Tradução de José Paulo Paes. São Paulo: Cultrix, 1931 / 1953.

CANDIDO, Antonio. "A personagem do romance". In: ______. *A personagem de ficção*. São Paulo: Perspectiva, 2009. (Coleção Debates).

______. CANDIDO, Antonio. "Os três alencares". In: ALENCAR, José de. *Romances ilustrados de José de Alencar. Lucíola, Diva, Senhora*. 7. ed. Rio de Janeiro: José Olympio; Brasília: INL, 1977, v. VII.

DE MARCO, Valéria. "As mulheres fundadoras de Alencar". In: GAZOLLA, Ana Lúcia Almeida (Org.). *A mulher na literatura*. Belo Horizonte: UFMG, 1990.

FORSTER, Edward Morgan. *Aspectos do romance*. Tradução de Sergio Alcides. 4. ed. São Paulo: Globo, 2004.

LEITE, Dante Moreira. *Psicologia e literatura*. 2. ed. São Paulo: Edusp, 1967.

LUKÁCS, George. *A teoria do romance*: um ensaio histórico-filosófico sobre as formas da grande épica. Tradução de José Marcos Mariani de Macedo. 2. ed. São Paulo: Duas Cidades; Editora 34, 2009.

MONTENEGRO, Olívio. "O romance psicológico". In: ______. *O romance brasileiro*. 2. ed. Rio de Janeiro: José Olympio, 1953.

MORAES, Vera Lucia Albuquerque de. *Entre Narciso e Eros*: a construção do discurso amoroso em José de Alencar. Fortaleza: Edições UFC, 2005.

PONTIERI, Regina Lúcia. *A voragem do olhar*. São Paulo: Perspectiva, 1988.

PROENÇA, Manuel Cavalcanti. "Heróis para as grandezas". In: ______. *José de Alencar na literatura brasileira*. 2. ed. Rio de Janeiro: Civilização Brasileira, 1972.

SCHWARZ, Roberto. "A importação do romance e suas contradições em Alencar". In: ______. *Ao vencedor as batatas*. São Paulo: Duas Cidades; Editora 34, 2000.

VALÉRIO, Américo. *José de Alencar (freudiano)*. Rio de Janeiro: Tipografia Aurora, 1931.

VASCONCELOS, Sandra Guardini. *Dez lições sobre o romance inglês do século XVIII*. São Paulo: Boitempo, 2002.

WELLEK, René; WARREN, Austin. *Teoria da literatura*. Tradução de José Palla e Carmo. 2. ed. Sintra: Europa-América, 1955. (Biblioteca Universitária).

O herói em sua busca individual em *As minas de prata*

Arlene Fernandes Vasconcelos[1]

Por meio da literatura, o leitor vivencia aventuras, medos e anseios que, de tão reais, bem poderiam ser os seus. A identificação com os personagens, principais ou secundários, de uma trama torna-os, aos olhos de quem lê, quase reais. Por isso a dificuldade de os conceituar. Beth Brait, em pesquisas feitas em dicionários, percebeu que "para explicar a palavra personagem, o termo *pessoa*(s) foi utilizado três vezes e a expressão 'ser humano' uma vez" (Brait, 1985, p. 11, grifo nosso). Mesmo os dicionários especializados confundem "personagens" com "pessoas". É, portanto, um conceito fluido, cuja existência é dependente de outro, *pessoa*, verbete que designa o próprio ser humano, ou seja, algo vivo, em contraposição ao imaginado, *personagem*. Resta, em tal caso, a possibilidade de nos determos no fato de que o personagem *representa* pessoas, dentro das normas da ficção, mas não existe além das palavras.

> Se quisermos saber alguma coisa a respeito de personagens, teremos de encarar frente a frente a construção do texto, a maneira que o autor encontrou para dar forma às suas criaturas, e aí pinçar a independência, a autonomia e a 'vida' desses seres

1. Doutoranda do curso de pós-graduação em Literatura Comparada da Universidade Federal do Ceará (UFC).

de ficção. É somente sob essa perspectiva, tentativa de deslindamento do espaço habitado pelas personagens, que poderemos, se útil e se necessário, vasculhar a existência da personagem enquanto representação de uma realidade exterior ao texto. (Brait, 1985, p. 12)

Tratar do personagem principal de uma obra, então, é buscar encontrar, entre os diversos olhares dos teóricos, aquele que mais se aproxima da estruturação desse personagem. Sua importância, em maior ou menor grau, dentro da ficção, também varia de acordo com cada percepção. Para Aristóteles (2005, p. 20), o qual entendia ser a tragédia a imitação da vida e não de homens, a importância do personagem está subjugada ao desenvolvimento da trama. O romance moderno, porém, não pode sempre ser compreendido dessa forma. A profundidade que é encontrada em muitos dos personagens elevou-os a outro patamar, destacando-os da trama, ou mais, fazendo com que ela, muitas vezes, tenha a função de revelar as suas características em vez de modificá-los internamente, como observa Edwin Muir (1928, p. 35) ao dissertar sobre o romance de personagem. É "a personagem que com mais nitidez torna patente a ficção, e através dela a camada imaginária se adensa e se cristaliza" (Rosenfeld *in* Candido, 2007, p. 21). Portanto, segundo Antonio Candido (2007, p. 53), "o enredo existe através das personagens. Enredo e personagem exprimem, ligados, os intuitos do romance, a visão da vida que decorre dele, os significados e valores que o animam". Outro conceito constitutivo do enredo é o da "ação", que pode ser definida como princípio de unidade geral dos diversos elementos constitutivos de um romance, assegurando-lhes a progressão e o movimento e dando-lhes orientação (Bourneuf; Ouellet, 1976, p. 44), espécie de "jogo das forças opostas ou convergentes em presença numa obra", responsável pela mudança de uma situação para outra, concorrendo para uma circunstância de conflitos, internos ou externos, que dela fazem parte. Será através da ação que descortinaremos as diversas características dos personagens.

Essa sucessão de ações, com constante mudança de situação, basicamente, é o que acontece com o romance alencarino *As minas de prata*, narrado em terceira pessoa, o que, segundo Bourneuf e Ouellet (1976, p. 277, grifos do autor), indica uma psicologia na segunda pessoa, já que está "fundada sobre a observação do comportamento dos seres sem referência aos 'estados interiores', à subjetividade". Nele, observamos Estácio Dias Correia, em torno de quem se desenrola a trama da busca pelas minas de prata, como um personagem estático, sem profundidade, com uma personalidade que não sofre transformações ao longo dos acontecimentos, mas que surge como o condutor do jogo, aquele que dá à ação o seu "primeiro impulso dinâmico" (Bourneuf; Ouellet, 1976, p. 215). Talvez por isso, por serem os personagens estáticos também impulsionadores da ação, Yu Tiniánov entenda que "não existe herói estático, existe apenas herói dinâmico" (cf. Vigotski, 1999, p. 281), pois considera que a unidade estática do herói modifica-se em função do fator construtivo do romance, o que lhe faz parecer que ela é instável. Entretanto, não identificamos essa instabilidade em Estácio. Ele tende a se manter constante, do início até quase o final da narrativa, quando acontece de se casar com Inesita, mesmo depois de ela desposar seu melhor amigo e se fingir de morta. Essa é a questão que poderia suscitar dúvidas, tais como: sob essa perspectiva, teria Estácio alterações de caráter? A honra de um herói permitir-lhe-ia desposar alguém nessas circunstâncias e ainda ser feliz, vivendo escondido da sociedade? As respostas a esses questionamentos podem ser observadas, inclusive, em outros romances do mesmo autor. O herói alencarino segue uma lógica própria, de busca por ideais particulares, tal como o faz Estácio. O importante para ele era ter a certeza do amor de Inesita e da lealdade de Cristóvão. Esclarecidos esses pontos, está totalmente disposto a viver com sua amada, mesmo à custa de uma mentira, pois, para a sociedade de Salvador, ambos estavam mortos. Essa saída não é incongruente com a obra alencarina. O mesmo se dá com Peri e Ceci (*O guarani*), Iracema e Martim (*Iracema*), Paulo e Maria da Glória (*Lucíola*). Todos, para realizar o seu amor, afastam-se da sociedade. Se, então, a atitude de Estácio não é incompatível com seu caráter, temos que esse personagem segue uma linearidade, pois que não se altera com o desenvolvimento da narrativa. Para usar o conceito eternizado por Forster (2005, p. 90), Estácio é, por conseguinte, um personagem plano, construído "ao redor de uma ideia ou qualidade simples". Para Forster (2005, p. 92), há uma vantagem nesse tipo de personagem, pois são facilmente lembrados pelo leitor como "entes inalteráveis pela razão de não terem sido modificados pelas circunstâncias". Sua apresentação, feita por um narrador ausente da ação, é um ponto em comum com a narrativa clássica primitiva, na qual essa característica é natural, visto que ela provinha de tradição oral. O personagem nos é introduzido por suas aventuras e não por si próprio, como no caso de um romance em primeira pessoa; as mesmas aventuras que imortalizam o herói épico, pois delas surgirá a sua imagem. Ao mesmo tempo temos uma mudança no mundo do herói em questão que diferencia aquele do mundo clássico, e essa mudança não pode ser ignorada na arte, visto que é a partir dela que a noção de indivíduo vai emergir. O personagem deixará de ser apenas o representante de uma comunidade (epopeia) ou emblema de sua casta social (romance medieval). Segundo Yves Reuter (2004, p. 15):

> Ele se singulariza, complexifica-se psicologicamente, é digno de existir independentemente de seu nascimento. Os heróis diversificam-se de vez e não aparecem mais como representantes exemplares de sua comunidade. Esta mutação é considerada um dos fatores de transição entre a epopeia e o romance.

Voltando a Estácio, já no início da obra, a sua descrição nos adianta e direciona o restante de suas ações, esboçando um painel da personalidade do rapaz:

> O outro moço contava apenas dezenove anos. Trajava tudo negro, de simplicidade extrema, mas de esquisita elegância. Um aljôfar isolado brilhava na touca de veludo preto; as preguilhas da mais fina lençaria de alvas deslumbravam; a espora ligeira que mordia o salto do borzeguim e a cruz da espada eram de aço, mas tão bem polido que cintilava como custosas pedrarias.
>
> O cetim negro das vestes dava muito realce à sua bela cabeça erguida com meneio altivo, e à alvura rosada de sua tez. Os grandes olhos pardos tinham os raios profundos e reflexivos que desfere a inteligência nos momentos de repouso; o lábio superior, coberto pelo buço de sêda que pungia, arqueava graciosamente com expressão grave; era de alta estatura, e tinha como seu companheiro o talhe esbelto, mão e pé de supremo esmêro. Mas o que especialmente o caracterizava, era uma sombra imperceptível, que às vezes deslizando pela fronte alta e inteligente, carregava ligeiramente as linhas do perfil e imprimia-lhe na fisionomia o cunho da vontade tenaz; nestes momentos sentia-se que a razão calma, firme, inflexível, dominaria,

se preciso fosse, as expansões da mocidade. (Alencar, 1967, v. II, p. 6)

Esse traçado do perfil de Estácio, oferecido por Alencar, situa o leitor diante de um personagem que, com simplicidade e elegância, consegue passar a imagem de um caráter ilibado, justamente por ter dado o autor tanta ênfase na questão da limpeza, da alvura e do polimento de seus trajes e acessórios. A sombra de inteligência que perpassa seu olhar e o domínio dos arroubos juvenis indicam um amadurecimento incomum para um jovem de sua idade. Dessa forma, seguindo as indicações do narrador e o roteiro traçado pelas ações do personagem principal, o leitor vai comprovando a descrição feita inicialmente. Não há no romance, no entanto, artifícios comuns à epopeia, tais como o sonho ou as aparições maravilhosas,[2] para aprofundar o conhecimento do leitor. Estácio nos é dado à apreciação unicamente por suas ações – que revelam seu caráter –, o que serve para dramatizar o conflito entre ele e a sociedade baiana do século XVII, já marcada por preconceito de classe, situação reconhecida por ele mesmo, e que podemos perceber em conversa do jovem com Cristóvão. Falando sobre seus amores – o do amigo por Elvira e o seu por Inesita –, diz Cristóvão: "Tão santa coisa é o amor que Deus nos pôs n'alma, que não me peja de trazê-lo no rosto e à face de todos". Ao que responde Estácio: "Assim deve ser para quem é nobre e rico, e não teme repulsa; mas outros há que não têm direito de erguer a vista, embora mais alto que ela tragam o coração" (Alencar, 1967, v. II, p. 6).

2. Para Bourneuf e Ouellet (1976, p. 267), o narrador épico ou sagrado recorre a esse subterfúgio, pois "a dramatização através do sonho ou da aparição permite representar a intensidade do conflito interior como se se tratasse de um acontecimento".

Assim é caracterizado o filho de Robério Dias no romance alencarino, cujo entrecho se desenrola sem alterar-lhe o caráter. Alencar apresenta-nos um personagem com valores épicos e solitária individualidade moderna ao mesmo tempo, o que o torna incapaz de ser um doador de sentido à totalidade da vida, produzindo uma inconsistência épica naquele que passaremos a chamar de herói (Peloggio, 2010, p. 202), tendo seu destino irremediavelmente ligado ao da comunidade da qual faz parte (Bastos, 2007, p. 85).

A individualidade essencial de Estácio faz-se perceber em sua busca pelo mapa da mina, o que o levará a dois objetivos completamente pessoais: conquistar uma posição social que o autorize a aspirar à mão de Inesita e restabelecer o bom nome de sua família. Por um lado, ao identificarmos Inesita como seu objeto de desejo, seu "fim visado" (Bourneuf, 1976, p. 216), observamos que o caminho para alcançar esse objeto passa pelo encontro da mina, o que lhe permitirá, a ele que é pobre, obter os ganhos necessários para igualar-se economicamente à família da moça e ter a chance de pedir sua mão em casamento. Por outro lado, também é "objeto de desejo" para Estácio limpar o nome do pai, retirando, assim, a mácula que pesa sobre seu bom nome. Em ambos os casos, Padre Molina é o antagonista, a força opositora, ou seja, aquele que impede "a força temática de se desdobrar no microcosmos" (Bourneuf, 1976, p. 215-216). Molina está à altura de Estácio, já que "o herói, para ser grande, necessita de companheiros e adversários que não lhe sejam muito inferiores. (...) A pureza ingênua do herói, num mundo de crápulas, transforma-o em ser quixotesco" (Rosenfeld, 1996, p. 26). Sendo assim, temos na figura de Padre Molina o grande obstáculo que Estácio tem de vencer. Para isso, ele está sozinho; não conta com a ajuda de forças místicas, nem míticas, e seus amigos, apesar de fiéis, pouco podem fazer para ajudá-lo.

A observância desse tratamento, dado por Alencar aos seus personagens, permite-nos entender que ele não apresenta seus heróis na concepção clássica da palavra, apesar de eles terem certo caráter épico. Podemos verificar que os personagens alencarinos fogem, portanto, do sentido hegeliano consagrado ao herói, objetivado no absoluto e sendo fio condutor da história.

Não podemos conceituar dessa forma os heróis alencarinos, principalmente Estácio. A história não se desenvolve por ele, mas mediante os acontecimentos, concedendo-nos a oportunidade de observar as reações do herói, que passamos a conhecer mais profundamente. O "herói" alencarino busca muito mais uma conquista de objetivos pessoais, e suas buscas individuais são mais fortes do que a busca pelo bem coletivo, do que a redenção de seu povo – quando isso surge ao seu alcance, na possibilidade de desarticulação de uma conspiração holandesa, por exemplo, é puramente ao acaso, não algo pelo qual ele estivesse buscando ou lutando para conquistar. O seu envolvimento nessa desarticulação deve-se mais à oportunidade reconhecida de aproximar-se da realização de seu intento do que a um desejo propriamente dito de salvação do reino, apesar de não podermos desconsiderar a honra que o move em todas as suas ações, pois "Estácio buscará o polimento da imagem paterna, bem como o amor de Inesita (...); e ainda que debele a conspiração holandesa não haverá de exprimir, no conjunto, 'a concentração de um fato histórico'" (Peloggio, 2006, p. 167).

Contudo, é também essa exarticulação do conluio que nos permite apreciar uma cena das mais curiosas, em que o protagonista do romance, travando contato com D. Diogo de Meneses e Siqueira – real personagem da história do Brasil –, revela toda a sua altivez, nobreza e coragem. Ao entregar-se ao governador-geral, exige justiça e reparação dos agravos sofridos por culpa de uma falsa acusação que o levou preso. Ora, somente um personagem com porte de herói agiria de tal forma diante de uma tão grande autoridade. Estácio não hesita, invade a sala de D. Diogo, dá-se a conhecer, revela toda a conspiração interrompida por sua ação e ainda o afronta, acusando-o de ser injusto. Tudo em nome da honra violada.

> – Estas são as provas de minha inocência, sr. governador. Agora, a captura destes presos que se evadiram, a destruição dos dois navios de contrabando que os esperavam em Itapoã para levá-los à Holanda; a descoberta do plano que concertaram os judeus desta cidade para entregarem a Bahia aos holandeses; estas são as provas da vossa injustiça. (Alencar, 1967, p. 431)

Suas atitudes estão de acordo com a criação que lhe deu Vaz Caminha, o qual, segundo o próprio Estácio, ensinou-o a suportar a pobreza, aconselhando-lhe: "sois moço e valente cavalheiro; a riqueza mudou-vos de repente a carreira; habituai-vos desde já a trazer a vossa fortuna, como a vossa honra, na ponta de vossa espada" (Alencar, 1967, p. 28).

Trabalhando com o conceito de herói clássico, ou seja, na esfera do mito, o herói seria aquele ser nascido da relação entre um deus e um mortal; um semideus, cujas façanhas sobre-humanas tornavam-no alguém fora do comum, diferente de deuses e de homens, tanto pela valentia física quanto pelas qualidades da alma; um ser a-histórico que

> [...] visa ao sempre igual, arquetípico, [que] não reconhece transformações históricas fundamentais. Os fenômenos históricos

> são, para ele, apenas máscaras através das quais transparecem os padrões eternos. Sua visão do tempo é circular, não há desenvolvimento. O mito salienta a identidade essencial do homem em todos os tempos e lugares. (Rosenfeld, 1996, p. 26)

Movido por um dinamismo vital, mantinha-se constantemente em ação, fazendo uso de seus instintos aguçados ou da ajuda direta dos deuses. Impelido por sua valentia e grande força física e moral, o herói estava sempre pronto a arriscar sua vida por outrem ou pela causa que defendia, deixando os seus próprios interesses em segundo plano. "Instintivo, genuíno, puro, ignorante das forças que possuía, conduzia-se impelido por um dinamismo que se confundia com o próprio ato vital" (Moisés, 2004, p. 219).

Esse é o herói da epopeia, forma estética que responde à pergunta: "como pode a vida tornar-se essencial?" (Lukács, 2007, p. 27). E esse seria o segredo do helenismo, segundo Lukács (*Ibid.*).

> Se quisermos, assim podemos abordar aqui o segredo do helenismo, sua perfeição que nos parece impensável e a sua estranheza intransponível para nós: o grego conhece somente respostas, mas nenhuma pergunta, somente soluções (mesmo que enigmáticas), mas nenhum enigma, somente formas, mas nenhum caos.

Hegel explica que "a epopeia, quando narra alguma coisa, tem por objeto uma ação que (...) apresenta inumeráveis ramificações pelas quais contata com o mundo total de uma nação ou de uma época" (Hegel, 1997, p. 442). E é o Romantismo, com sua caracterização lírica, que desenvolve a noção de indivíduos excepcionais que encarnam a providência histórica; homens com a capacidade de realizar determinadas tarefas importantes para a humanidade, também chamados pelos poetas românticos de gênios. Essa é a linha de pensamento de Hegel, que considera como individual a finalidade de toda a ação épica, mesmo as que se ligam de alguma forma à coletividade. Defende, ainda, que a história de uma nação, ou o seu acontecimento épico, por não ter o que ele chama de "uma existência individual subjetiva" (Hegel, 1997, p. 463), está ligada inexoravelmente a um determinado indivíduo, "cuja individualidade confere a forma e o conteúdo a toda a realidade" (*Ibid.*).

> Já antes tínhamos dito que o que constitui o fundo do mundo épico é um empreendimento coletivo no qual se possa exprimir a totalidade do espírito nacional ainda nos primórdios do seu estado heróico. Porém, acima desta base geral deve elevar-se um fim particular, cuja realidade pode ter uma influência decisiva sobre o caráter nacional, sobre as crenças e a atividade nacionais. (Hegel, 1997, p. 462)

Em se tratando de seres históricos, esse herói estará sempre ligado aos acontecimentos políticos de sua nação. Como poeta, na sua arte, conferirá a forma e o conteúdo à realidade através de uma descrição poética e viva, que se fundamenta no *espírito universal*. Hegel elege os heróis de Homero como os exemplos de homens completos, cujas ações denunciam a identidade comum à do seu povo, porém, atingindo o máximo grau de desenvolvimento, afirmando a totalidade extensiva da vida, à medida que se desenrolam os acontecimentos. Seriam eles os heróis que vivem "nessas épocas naturais quando o caráter individual conserva toda a sua ingenuidade" (Hegel, 1997, p. 466). Totais em si mesmos, são, no entanto, tocados pelo destino, subjugados pelo poder do *fatum*, que determina a sucessão de acontecimentos aos quais o herói tem a "necessidade" de obedecer, sob pena de ser castigado pelos deuses. É, portanto, o exterior que rege o herói clássico, e mesmo o herói universal hegeliano, pois a epopeia tem por objeto os acontecimentos, ao contrário do romance, que objetiva o indivíduo e apresenta todo o resto, como suas ações e seu contato com o mundo, como consequência de seu estado interior.

Dessa forma, o herói do romance diferencia-se do helênico por ser o seu oposto. Por ter mais dúvidas que respostas, por estar em uma busca incessante de algo e não saber como tornar a vida essencial. "A epopeia dá forma a uma totalidade de vida fechada a partir de si mesma, o romance busca descobrir e construir, pela forma, a totalidade oculta da vida" (Lukács, 2007, p. 60).

Depois de verificarmos a existência de dois tipos de herói, é preciso observar que, em *As minas de prata*, os conceitos se alternam. Estácio ora age como um herói épico, ora como um herói de romance. Este pode ser diferenciado daquele por sua noção de coletividade: sua honra está ligada ao cumprimento do dever em relação à sua gente.

O herói moderno, por sua vez, é aquele que já não vive em comunhão com a completude do mundo em que habita e, apesar de sua honra, esta não se deve a um compromisso estritamente patriótico.

Marcelo Peloggio, analisando os personagens alencarinos, diz que:

> Em um primeiro momento, ao modo de ser dos caracteres abre-se um quadro de vida em que o que está em jogo, à luz da definição proposta, é o interesse social e afetivo destes. Assim, por exemplo, não haverá, nos romances históricos alencarinos,

a presença de um sujeito mundial e historicamente dirigente, ao gosto épico clássico e hegeliano. A natureza dos caracteres é essencialmente dúbia, pois que impera um profundo desacordo entre a excelência e motivo formal do todo e a frágil destinação épica na ação heróica dos personagens. (Peloggio, 2010, p. 201)

O personagem principal da obra participa de várias aventuras, desbravando o sertão e os mares; tem um objetivo honrado pelo qual luta e não se entrega a momentos do mais profundo lirismo. Apesar de não ter vínculos mais fortes com a sociedade e enquanto impulsionador das próprias ações, ele descobre e desarticula uma conspiração holandesa, agindo com astúcia, valentia e honra. A sucessão de ações produz um ritmo rápido, mantendo os personagens em contínuo movimento, o que lembra outro herói alencarino, Peri, de cuja história, inicialmente, a saga de Estácio seria a continuação, anunciada pelo autor no subtítulo: *As minas de prata. Continuação do Guarani* (De Marco, 1993, p. 98).

Considerando o subtítulo inicial do romance, Valeria De Marco atenta para o fato de que *As minas de prata* não se estabelece como continuação de *O guarani*, pois, nesse último, "vivemos com personagens cujas ações transcendem a esfera individual" (De Marco, 1993, p. 101) e seu próprio movimento de enredo não permite que os elementos épicos sejam transportados para o outro romance, em que "reina a dispersão e as ações se sucedem sem esboçar qualquer alento de transcendência, pois circunscrevem-se ao limite da esfera individual" (*Ibid.*).

Entretanto, segundo o pensamento de Lukács (1983, p. 148-149), a própria ação de Estácio na desarticulação da conspiração holandesa é mais uma aproximação do romance histórico com a epopeia do que um afastamento, pois, ao ser envolvido pelas circunstâncias – em sua luta para ultrapassar todos os obstáculos e atingir seus objetivos –, mesmo que contra a sua vontade, o personagem conquista uma importância em sua interação com o mundo que o aproxima do objeto da épica, que seria uma "luta de caráter nacional".

> As acções humanas, as iniciativas do indivíduo, as suas inclinações e paixões, encontram-se estreitamente ligadas ao curso dos eventos sociais e, devido a esse facto, o herói do romance histórico aproxima-se do herói de tipo épico, tendo em conta que, à semelhança do que acontece na épica clássica, na qual a força mobilizadora da acção não é o herói, mas as forças da necessidade corporizadas nos deuses, também no romance histórico as forças da acção são, justamente, as circunstâncias sociais. A grandeza do herói emerge somente na sua resistência heróica, tenacidade e inteligência em relação ao poder dessas mesmas forças. (Antunes, 2009, p. 31)

Todavia, não se pode negar sua situação de indivíduo. Estácio não foi elaborado por José de Alencar com o fim específico de ser um mito, assim como foi Iracema. Ele não está diretamente ligado a uma coletividade; ele age sozinho na maioria das vezes. Seus objetivos são pessoais e suas aventuras solitárias, características impensáveis para o herói helênico. Sua própria vida já reflete solidão. Órfão, Estácio conta com os conselhos de dois protetores, associados em sua educação – o licenciado Vaz Caminha, advogado que faz as vezes de sua razão, e o alcaide Álvaro de Carvalho, representante da fé. Cada um, a seu modo, ajudou a forjar o espírito inquebrantável do pupilo. Ainda criança, Estácio não é bem aceito pelos demais garotos de sua idade por carregar no sangue a impureza de ser filho de um embusteiro do reino. O sofrimento o fortalece, mas também o isola. O amigo Cristóvão, na verdade um parente distante, conquistou sua confiança a duras penas, depois de uma briga corporal, situação provocada por ele para conseguir fazer-se ouvir pelo orgulhoso rapazote.

> [...] todas as tardes Cristóvão fazia parar Estácio para convencê-lo de seu mútuo parentesco, e a todas as instâncias respondia este com uma orgulhosa esquivança.
>
> [...] Uma tarde, Cristóvão perdeu a paciência, e disse para Estácio:
>
> – Ou me reconheceis como vosso parente ou brigo convosco.
>
> – Briguemos; é melhor.
>
> Atracaram-se ali mesmo; mas o aio de Cristóvão correu a separá-los, e o fez maltratando Estácio. O menino afastou-se indignado.
>
> – Eu te castigarei, maroto!
>
> Cristóvão irado arrancou a vergasta que o aio trazia e com ela o fustigou.
>
> No dia seguinte muito cedo esperava por Estácio à porta de Vaz Caminha para lhe comunicar que o criado fora expulso de seu serviço e de sua casa. Desde essa manhã ficaram camaradas; os anos vieram fazê-los amigos e afinal irmãos. (Alencar, 1967, p. 18-19)

Essa solitária individualidade e a desconfiança de Estácio não são próprias de heróis épicos que, de tão concentrados no bem de sua cidade ou comunidade, não se aprofundam no lirismo a ponto de desenvolverem uma postura defensiva contra o mundo ao seu redor, presente no filho de Robério Dias. A explicação, segundo Hegel (1997, p. 439), seria porque "o homem [épico] não expressa ainda seu pensamento pessoal, mas olha em torno de si, e acrescenta ao objeto uma breve explicação relativa à essência da coisa".

No entanto, sem nos determos em sua individualidade, percebemos, no protagonista d'*As minas de prata*, uma identificação com o seu mundo, tanto no modo de vestir como no modo de pensar. Antunes (2009, p. 31) observa que "as personagens principais de Alencar são sempre heróis médios, homens comuns que se identificam com os costumes da época e deles são espelho". Por estar em situação privilegiada, em situação de mobilidade social, é capaz de um maior contato com a própria realidade e dela fazer parte ativamente, o que não significa deixar objetivos pessoais em segundo plano. Para o personagem alencarino, a busca pessoal é o verdadeiro norteador de sua jornada.

Porém, tal qual o herói clássico,[3] Estácio é um "sujeito" em seu mundo. Não um sujeito no sentido de ser aquele que pensa o mundo e subjetiva a realidade, apresentando-a segundo seus próprios olhos e sendo o princípio determinante do mundo do conhecimento ou da ação, mas no sentido de ser aquele que desempenha uma função nesse mundo, responsável pelo *desenrolar* de uma ação. Não um "herói nacional", figura utilizada para cantar os feitos de um povo, tal como o poderia ser Peri, Ubirajara ou Iracema, mas o herói solitário – o que já o difere do clássico – e não representativo de uma comunidade, apesar de arriscar-se por ela, ainda que indiretamente; herói que tem astúcia, inteligência, destreza, honra e nobreza de espírito suficientes para satisfazer qualquer narrativa de capa e espada, porém, que coloca os deveres relativos à sua nação em segundo plano, enquanto se consome em sua paixão proibida e na luta inglória em busca das minas que redimiria – ele e não o seu povo – do fardo de ser alguém fora do círculo de importância.

3. Referência ao herói da epopeia, e não ao da tragédia.

Referências

ALENCAR, José de. *As minas de prata*. Romance brasileiro. 7. ed. Rio de Janeiro: José Olympio; Brasília: INL, 1967, v. II.

ANTUNES, Luísa Marinho. *O romance histórico e José de Alencar*: contribuição para o estudo da lusofonia. Funchal: Centro de Estudos de História do Atlântico, 2009. p. 31. (Coleção TESES, n. 3). CD-ROM.

ARISTÓTELES. "Poética". In: ARISTÓTELES *et al*. *A poética clássica*. 12. ed. Tradução direta do grego e do latim de Jaime Bruna. São Paulo: Cultrix, 2005.

BASTOS, Alcmeno. *Introdução ao romance histórico*. Rio de Janeiro: EdUERJ, 2007.

BOURNEUF, Roland; OUELLET, Réal. *O universo do romance*. Tradução de José Carlos Seabra Pereira. Coimbra: Almedina, 1976.

BRAIT, Beth. *A personagem*. São Paulo: Ática, 1985.

CANDIDO, Antonio. "A personagem do romance". In: CANDIDO, Antonio *et al*. (Org.). *A personagem de ficção*. São Paulo: Perspectiva, 2007.

DE MARCO, Valéria. *A perda das ilusões*: o romance histórico de José de Alencar. Campinas, SP: Unicamp, 1993.

FORSTER, Edward Morgan. *Aspectos do romance*. Tradução de Sérgio Alcides. 4. ed. São Paulo: Globo, 2005.

HEGEL, Georg Wilhelm Friedrich. *Curso de estética*: o sistema das artes. Tradução de Álvaro Ribeiro. São Paulo: Martins Fontes, 1997.

LUKÁCS, Georg. *A teoria do romance*: um ensaio histórico-filosófico sobre as formas da grande épica. Tradução de José Marcos Mariani de Macedo. São Paulo: Duas Cidades; Editora 34, 2007.

______. *The historical novel*. Translated from the german by Hannah and Stanley Mitchell. Lincoln/USA: University of Nebrasca Press, 1983.

MOISÉS, Massaud. *Dicionário de termos literários*. 12. ed. São Paulo: Cultrix, 2004.

MUIR, Edwin. *A estrutura do romance*. Tradução de Maria da Glória Bordini. Porto Alegre: Globo, 1928.

PELOGGIO, Marcelo Almeida. Os modos dúbios do ser: o real e o contingente em José de Alencar e Machado de Assis. *Signótica*, Goiânia, v. 22, n. 1, 2010.

______. *José de Alencar e as visões de Brasil*. 234f. Tese (Doutorado) - Curso de Pós-Graduação em Letras da Universidade Federal Fluminense, Niterói, 2006.

REUTER, Yves. *Introdução à análise do romance*. Tradução de Angela Bergamini *et al*. 2. ed. São Paulo: Martins Fontes, 2004.

ROSENFELD, Anatol. *O mito e o herói no moderno teatro brasileiro*. 2. ed. São Paulo: Perspectiva, 1996.

VIGOTSKI, Lev Semenovitch. *Psicologia da arte*. Tradução de Paulo Bezerra. São Paulo: Martins Fontes, 1999.

José de Alencar: da crítica literária ao belo poético

Patrícia Rodrigues Fontineli[1]

Motivação e perfil do crítico José de Alencar

Lançada em 1856, *A confederação dos tamoios*, de feições tradicionais, com dez cantos e escrita em versos decassílabos por Gonçalves de Magalhães, tem como tema a história da fundação da cidade do Rio de Janeiro e, como enredo principal, a confederação realizada entre os indígenas para defender suas terras dos portugueses. Alencar, então com 27 anos, passa a enviar cartas ao *Diário do Rio de Janeiro*, nas quais, sob o pseudônimo Ig, criticava a má produção de Magalhães. Mais tarde, em 1953, as cartas ao jornal foram publicadas em livro sob o título *Cartas sobre A confederação dos tamoios*.

A busca por uma autoconsciência moderna de José de Alencar nas *Cartas sobre A confederação dos tamoios* pode ser compreendida pela importância do papel da crítica literária, servindo ela de formação para uma literatura como a brasileira, tão carente de estudos e comprometimentos estéticos

1. Mestra em Literatura Comparada pela Universidade Federal do Ceará (UFC).

adequados a um crescimento enriquecedor. Alencar propõe uma diferenciação entre o papel atribuído ao crítico literário, ao artista e ao poeta. Para o autor, o poeta estaria incumbido de conceber e executar um pensamento, mas sob a influência do instinto criador, dando asas à imaginação e à fantasia humana; o crítico deveria estudar e sentir a ideia já criada, sem deixar de usar o exame e a reflexão. Décadas depois das cartas, ainda como crítico, Alencar afirma:

> Sobretudo compreendam os críticos a missão dos poetas, escritores e artistas, nesse período especial e ambíguo na formação de uma nacionalidade. São estes os operários incumbidos de polir o talhe e as feições da individualidade que se vai esboçando no viver do povo. Palavra que inventa a multidão, inovação que adota o uso, caprichos que surgem no espírito do idiota inspirado: tudo isto lança o poeta no seu cadinho, para escoimá-lo das fezes que porventura lhe ficaram no chão onde esteve, e apurar o ouro fino. (Alencar, 1959, p. 699-700)

O trecho acima faz parte do prefácio do romance *Sonhos d'ouro,* intitulado "Bênção paterna", publicado em 1872. Esse texto se faz necessário para o conhecimento dos princípios estéticos de Alencar, que, com o pseudônimo Sênio, dá conselhos ao livrinho, para que este possa defender-se dos críticos, essa "casta de gente que tem a seu cargo desdizer de tudo neste mundo" (*Ibid.*). Aqui teoriza sobre a "literatura nacional", a qual não é "senão a alma da pátria, que transmigrou para este solo virgem com uma raça ilustre", impregnando-se "da seiva americana desta terra que lhe serviu de regaço; e cada dia se enriquece ao contato de outros povos e ao influxo da civilização" (Alencar, 1959, p. 692), sintetizando o processo de formação da brasilidade. Alencar acabou por viabilizar uma perspectiva de interpretação da história da vida brasileira, em sua "gestação lenta", propósito depreendido das diferentes dimensões espaciais e temporais.

É possível notar ainda, nesse prefácio, a clareza da tarefa que lhe cabia como escritor. Considerando a especificidade de um período de formação da nacionalidade e da literatura brasileiras, sua missão seria a de um operário a serviço de seu tempo, significando dizer que Alencar destinava a si e a seus contemporâneos a função de "apurar o ouro fino", ou seja, extrair da língua falada pelo povo o que seria passível de tornar-se literatura. Na sua "Carta ao Dr. Jaguaribe", Alencar identifica aquele a quem dedicou o prólogo da primeira edição de *Iracema* e nela trata de inúmeras questões, a maioria delas com relação à etimologia dos termos indígenas, outras a respeito de seu processo de criação e da recorrência às fontes. É importante perceber nessa carta o caminho por que passa Alencar para atingir o efeito estético desejado e ao mesmo tempo criar um linguajar indígena, sem, contudo, comprometer a interação homem branco (leitor) e indígena (criação poética). Assim, em sua carta, prossegue fazendo o histórico de *Iracema*. Afirma que nessa época, ao ler "as produções que se publicavam sobre o tema indígena" (Alencar, 1965, p. 253), observou que eram insatisfatórias. Tendo a sua censura alcançado também Gonçalves Dias, o poeta nacional por excelência, pois os seus selvagens falavam "uma linguagem clássica, o que lhe foi censurado por outro poeta de grande estro, o Dr. Bernardo Guimarães" (*Ibid.*), e exprimiam "ideias próprias do homem civilizado", concluiu que não seria "verossímil tivessem no estado da natureza" (*Ibid.*). Alencar atribui aos indígenas comportamentos, ideias e linguagem incompatíveis com seu estágio de civilização. Reconhecendo que "o poeta brasileiro tem de traduzir em sua língua as ideias, embora rudes e grosseiras, dos índios" (Alencar *in* Castello, 1953, p. 25), nota que a "tradução" deve adequar-se "quanto possa à singeleza primitiva da língua bárbara" e não representar "as imagens e pensamentos indígenas senão por termos e frases que ao leitor pareçam naturais na boca do selvagem" (*Ibid.*). No entanto, não bastaria o poema trazer um punhado de palavras indígenas para receber o *status* de belo. O desajuste entre a poesia e o assunto explicitado por Alencar refere-se à vida e à tradição dos índios. O problema maior a ser combatido na literatura brasileira não é a ênfase a assuntos indígenas – que marcavam a corrente indianista –, mas o fato de um poeta não conseguir converter tais assuntos em poesia, como teria ocorrido a Magalhães. A falta de poeticidade, segundo Alencar, tornava *A confederação dos tamoios* não mais do que uma cópia sem beleza dos cronistas coloniais; seria aquela epopeia um simples encadear de palavras indígenas que, por falta de uma forma adequada, seria incompatível com a poesia nacional. Desse modo, assegura o autor:

> De algum tempo se tem manifestado uma certa tendência de reação contra essa poesia inçada de termos indígenas, essa escola que pensa que a nacionalidade da literatura está em algumas palavras: a reação é justa, eu também a partilho porque entendo que esta escola faz grande mal ao desenvolvimento do nosso bom gosto literário e artístico.
>
> Mas o que não partilho, e o que acho fatal, é que essa reação se exceda; que em vez de condenar o abuso, combata a coisa em si; que em lugar de estigmatizar alguns poetastros que perdem o seu tempo a estudar o dicionário indígena, procure lançar o

ridículo e a zombaria sobre a verdadeira literatura nacional. (Alencar *in* Castello, 1953, p. 25)

Voltando à "Bênção paterna", para melhor entendermos o trabalho com a linguagem e, por extensão, a criação literária, Alencar continua com o pensamento de que a grande responsabilidade dos escritores de então era "separar o joio do trigo" ou "escoimar as fezes", metáforas que evidenciam o caráter emergencial dos letrados, quando deveriam transformar a matéria desforme em algo apurado, enformado e polido. Considerando a criação literária como expressão máxima da vivência do cotidiano do povo, naquilo que ele tem de mais característico em relação aos demais, o crítico volta-se para uma produção literária centrada em uma determinada época. Compreende a literatura como um atributo da particularidade de diversos tempos presentes das sociedades no decorrer da história, em acordo com as mudanças ocorridas nas línguas que se inserem na formação do texto literário. A literatura, consequentemente, seria um espaço dinâmico que acompanharia as transformações da sociedade em consonância também com as modificações ocorridas na própria linguagem. Reconhecendo a contribuição estrangeira, o escritor não poderia dar ao carioca, esse parisiense americano, uma paródia dos costumes portugueses. Esse prefácio termina com a provocação nacionalista fundamentada nas investigações começadas por Jacob Grimm, e ultimamente desenvolvidas por Max Müller, a respeito da apofonia, ou seja, o questionamento, por parte de Alencar, sobre a possibilidade de o povo que chupa o caju, a manga, o cambucá e a jabuticaba poder falar uma língua com igual pronúncia do povo que sorve o figo, a pera, o damasco e a nêspera.

O crítico também salienta uma prática comum referente ao fazer literário ao longo da história, o que pode transformar "os caprichos do espírito do idiota inspirado" em uma produção escrita que venha a ter o *status* de literatura. Para Alencar, o texto literário seria portador de um acúmulo deixado por diferentes períodos históricos, mantendo nele um caráter comum que sobrevive ao longo do tempo. Uma literatura em formação como a brasileira exibiria, dessa maneira, um trajeto de duas vias: a primeira inserida na dinâmica viva da sociedade e a segunda como parte de um conjunto de pilares fincados no passado, visando ao acúmulo do que considera uma forma literária.

Pensando nas concepções teóricas acerca do que é moderno, encontramos um apanhado de informações que nos induz a acreditar que Alencar seguia numa estrada crítica e produtiva própria daquilo que se considera moderno. Jauss, citado por Olinto, em seu texto "Tradição literária e consciência atual da modernidade" (1997), analisa a história do conceito de moderno a partir dos contrastes da experiência moderna que se renovam sem cessar ao longo da história das ideias, produzidos como a autoconsciência temporal de uma época.

Na esteira da tradição literária que se desenvolve por meio da ideia de moderno, desde a cultura grega e romana até Baudelaire, Jauss desloca a questão da história literária com relação a um contínuo retorno histórico cíclico ao novo. Com isso, o autor deveria buscar superar a consciência histórica dos *antiqui* e dos *moderni*, podendo tornar-se ela mesma uma constante literária cíclica. Se cada época experimenta uma querela nesses moldes, o que é novo estaria fadado ao perecimento de um presente que no futuro ser-lhe-á superior. A proposta de Jauss baseia-se na compreensão da historicidade do fenômeno literário e do caráter moderno definido pela autoconsciência característica de cada época, em que ocorreria um diálogo entre texto e receptor dentro de um contexto histórico dado.

A estética nascida do crítico

Nas críticas de Alencar ao texto d'*A confederação dos tamoios*, é possível verificar uma poética sobre o tema do índio, que servirá no futuro para a produção de *Iracema*. "O que ressalta sobretudo dos artigos de Alencar", diz Afrânio Coutinho (1968, p. 97-98), "*é a conceituação crítica* (...) a respeito do que deveria ser uma teoria brasileira da literatura".

Nas *Cartas sobre A confederação dos tamoios*, a necessidade por parte de Magalhães de uma formação para a arte é denunciada por José de Alencar. A crítica trata das diversas características da epopeia clássica que faltam no texto, e ainda mais precisamente quanto ao plano épico para o qual todos os poetas deveriam convergir, não importando seu período, fosse ele clássico, medieval ou romântico, pois esse plano teria sido considerado por escritores como Dante, Villon, Camões e Goethe, os quais teriam por identificação

> as mesmas ânsias, uma mesma angústia em face do Cosmos e do próprio homem. Mas de onde lhes vem a angústia? Vem do fato de intuírem num e noutro uma legião de contradições, antíteses, contrastes e 'mistérios', que diligenciam entender e reduzir a uma síntese tão perfeita quanto possível, uma síntese que os harmonize e dê uma ideia de unidade. A poesia, assim

> colocada em seu mais alto grau, torna-se ao mesmo tempo anunciadora, reveladora, e condutora (não é para menos que o poeta já foi chamado de vate, 'adivinho'). Com isso, ela acaba sendo o veículo expressivo ou o continente de uma concepção global do universo e do homem. (Moisés, 1967, p. 66)

O poema não abarcaria a complexidade e a riqueza do gênero clássico e não manifestaria o singular espírito nacional e contemporâneo daquele século. Querendo Magalhães trazer a lume um texto meramente nacional, de acordo com seus próprios padrões de nacionalidade, não teria conseguido atingir a beleza, isto é, a grandeza estética de uma arte autônoma. Para Alencar, o belo exerce uma função muito importante no fazer literário. Ele critica os escritores da moda que não o sabem utilizar, isto é, critica aqueles que, em vez de procurar o belo nas coisas, acreditam que o encontram ao utilizar palavras indígenas e ao expor os costumes selvagens. Sendo assim, o emprego da imagem da cor local não deve ser o de meramente acrescentar os elementos da pátria de forma falsa e convencional, contribuindo para que o texto tenha o reconhecimento de sua nacionalidade, mas sim estar presente em toda a obra, como fonte de inspiração e vida poética. Expoente da corrente romântica, Victor Hugo considera que é a arte que possui os meios de execução e todo o material necessário para pôr em movimento a natureza, criando a partir disso o drama, dignificado pela cor local, a qual

> não deve estar na superfície do drama, mas no fundo, no próprio coração da obra, de onde se espalha para fora dela própria, naturalmente, igualmente, e, por assim dizer, em todos os cantos do drama, como seiva que sobe da raiz à última folha da árvore. (Hugo, 2007, p. 70)

Em "Bênção paterna", após escrever sobre como sua obra ficcional organiza-se relativamente à "gestação lenta do povo americano" e ao período posterior à independência política, Alencar reconhece, de forma muito lúcida, a situação culturalmente dependente do país. Alencar também preocupa-se com a importação das formas artísticas, o problema da dependência cultural, a compreensão da mescla cultural – uma ordem de problemas que coloca na pauta diversas possibilidades de inter-relações entre culturas e sociedades, que vão da subserviência à reelaboração de formas em alto nível, disciplinada pelo filtro da experiência local, nacional. A ficção urbana desvelaria a fisionomia da sociedade brasileira, e, nas palavras do escritor, de maneira "indecisa, vaga e múltipla", em razão de elementos diversos, nacionais e estrangeiros. Para compreender essa sociedade dos grandes centros urbanos, em especial a do Rio de Janeiro da época, seria preciso considerar a mescla cultural – a forte presença de culturas europeias, além da portuguesa, a francesa, por exemplo. Sobre os romances urbanos, ponderava que seu conteúdo advinha de um processo de "importação contínua de ideias e costumes estranhos", que diariamente traziam todos os povos do mundo, os quais deviam "formar o amálgama indigesto", de que poderia sair mais tarde uma individualidade robusta. Múltiplos "traços de várias nacionalidades adventícias" iam "diluindo-se para infundir-se n'alma da pátria adotiva, e formar a nova e grande nacionalidade brasileira" (Alencar, 1965, p. 496), forjada por uma "luta entre o espírito conterrâneo e a invasão estrangeira". A literatura pitoresca não seria a única via para o romance nacional, uma perspectiva que dá centralidade à concepção de que a ideia de nacional não pode ser reduzida às obras indianistas. "Bênção paterna" acaba sinalizando a criação de um ponto de vista brasileiro, no meio literário, quanto às transformações da civilização brasileira, sem comprometer-se com a ingenuidade de um patriotismo alucinado e desvinculado da realidade de seu povo. A invenção não seria algo à parte do real, mas a representação de uma forma bela, do que a realidade teria de mais estético, simplesmente do que teria de melhor a se manifestar em arte.

José de Alencar: a concepção do belo

Os primeiros românticos alemães, como Goethe, entendiam o poder da observação da natureza com um conceito muito aproximado ao de José de Alencar, quando este diz nas *Cartas sobre A confederação dos tamoios*:

> Para mim um poeta, e sobretudo um poeta épico, deve ser ao mesmo tempo autor e ator: como autor ele prepara a cena, ordena a sua decoração, e tira todo o partido da ilusão teatral; como ator é obrigado a dar a todas as suas palavras, ao seu estilo, um tom e uma elevação que esteja na altura do pensamento. (Alencar *in* Castello, 1953, p. 11)

Para Goethe, fazer ciência era estar em relação com um mundo que se modifica e é modificado a cada momento por cada elemento nele existente. O sujeito que observa também atua, é autor e ator, é ativo e passivo, intui a totalidade no instante, age na transformação desse conjunto, torna-se também ele um particular no geral e, por sua arte, reproduz para além da explicação. Goethe (1993, p. 92-93) ainda afirma que:

> As observações da natureza satisfazem-me muito. Parece estranho, mas é natural, que por último deva aparecer uma espécie de conjunto subjetivo. Na verdade, torna-se, como quer o senhor, "o mundo do olho", que é esgotado através de forma e cor. Pois se atentar bem, então precisarei só muito pouco dos recursos dos outros sentidos, e toda a racionalidade transforma-se numa espécie de representação.

Na sua *Doutrina das cores,* Goethe (1995) defende a ideia de uma relação sempre aberta entre o sujeito e o objeto, mostrando o papel crucial entre o observador e o agente. A postura de Goethe nessa obra é a de quem procura enfrentar o racionalismo científico no seu maior domínio: a física. Surge, assim, um enfrentamento à visão racionalista sobre a natureza a um ponto fundamental do seu método e do filosofar que o subjaz: a ideia de que há uma relação inelutável entre o sujeito e o objeto. Para Alencar, a natureza é contemplada no que tem de mais variável e complexo, em que o belo ideal está em constante choque com o grotesco ou o horrível. Alencar tenta uma conciliação entre o verossímil dos elementos externos à obra, do real em si, e o verossímil dos elementos internos à obra, já que pretendia ser ela uma representação artística do Brasil recém-independente. O sujeito em Alencar submete a natureza e é submetido por ela, buscando sua pena o que há de belo e poético na natureza; a natureza, por sua vez, conduz ao belo, mas também ao que há de horrivelmente belo na sua manifestação viva e colorida.

No caso dos romances urbanos, os aspectos naturais parecem ser percebidos por Alencar como práticas, valores e ideias que devem contribuir para a edificação do imaginário sobre a natureza fluminense. Natureza como objeto acerca do qual se erguem representações, veiculando visões de mundo, que, mediante suas imagens, formam e dão vida ficcional ao repertório cultural brasileiro. Os aspectos naturais conferem certa singularidade à cidade, à região, à localidade e, por extensão, à nação mesma.

Um exemplo de romance urbano alencarino é *Sonhos d'ouro*, em que se verificam tais inclinações (De Marco, 1981, p. 57). O livro exibe em sua abertura as belezas da natureza fluminense, tais como o sol ardente de fevereiro dourando as lindas serranias da Tijuca, e mostra, em boa parte de sua composição, o espaço natural como palco para o desenvolvimento da trama, como as paisagens que vão surgindo durante os passeios dos personagens, com a Tijuca ocupando lugar privilegiado no romance. A obra tem 34 capítulos, e pelo menos 22 deles, acrescido o pós-escrito, ilustram esse espaço natural como ambiente das cenas. Os capítulos são marcados pela presença da natureza, da cultura e da sociedade que, muitas vezes, interagem de forma harmoniosa. Porém, manifestando-se de modo articulado, a sociedade, com suas características capitalistas, faz ressaltar sua dimensão negativa e maléfica. A flor que brotava em seu próprio espaço e tempo, como forma de uma existência pré-capitalista, é descrita como originária de uma "natureza lerda", atada a um antigo sistema, com o sol e a chuva. No entanto, ela relaciona-se ao que a sociedade moderna e capitalista "aferventa a vapor" e reduz a uma mera operação química, tendo como símbolo para mediar o ouro, o dinheiro (Macfarlane, 1989). O mundo conquistado pelo dinheiro e pelos cálculos de lucro entra em contradição com a natureza da Tijuca, uma área mais afastada e reservada e, de certo modo, um refúgio para a visão idealista presente em *Sonhos d'ouro*. Alencar designa o personagem Ricardo como artista, por causa do seu encontro com uma flor. Ricardo ignora o conhecimento operado pelos cientistas baseado na classificação de várias espécies de plantas; todavia, lança mão de seus próprios métodos de análise e concepção acerca daquilo que observa, pois o modo como ele admira a pequena flor revela o tato do artista ou do poeta. Seu exame não era frio como uma dissecação que o botânico faz para conhecer o gênero, a classe e a família de uma flor. Tal qual deveria ser um artista ao expressar uma imagem da ideia, via a flor como um ser vivo, semelhante aos animais.

Nas *Cartas sobre A confederação dos tamoios*, Alencar afirma que a poesia, a pintura e a música encontram-se sempre juntas na natureza e são, respectivamente, a forma, a cor e o som, imagens perfeitas da ideia, isto é, da completude do pensamento.

A imagem está em conformidade com a ideia, hipótese semelhante à filosofia de Ficino, para quem as ideias são realidades metafísicas imanentes ao espírito de Deus, enquanto a matéria é a imagem do que efetivamente existe (Panofsky, 1994, p. 55), daí Alencar falar das imagens da ideia, como quem acredita definitivamente na possibilidade de ela ser transposta à imagem, diferentemente do que pensava Platão, que acreditava que nem mesmo com o labor do artista

> a obra de arte pode pretender uma categoria mais elevada que a da "imagem", ora, a imagem apesar de sua aparente semelhança com a Ideia, sob muitos aspectos está em contradição com ela e tão afastada dela quanto o "nome", com a ajuda do qual o filósofo, submetido à necessidade (da linguagem), exprime suas reflexões. (Panofsky, 1994, p. 9-10)

As ideias são apresentadas em Platão como a única realidade verdadeira, enquanto os fenômenos não passam de ilusão, de aparências. Sem essa preocupação platônica, a imagem desagradável, para Alencar, seria a que pecasse e deixasse faltar um destes elementos: forma, cor e som. É a construção da imagem a partir desses itens que a coloca em perfeita consonância com a ideia; sendo assim, a imagem de um homem que se deita em uma rede para dormir e começa a balançar-se e sonhar não terá nada de poético, comenta Alencar, referindo-se ao episódio em que o índio Jagoanharo, na casa de Tiberiçá, sonha com S. Sebastião. Afinal, o olhar interior e atento do artista, ao voltar-se para a realidade, no caso de Alencar, para a natureza, deve fazer mais que uma imitação, deve inspirar-se nela, no desejo de encontrar o que há de belo nas coisas. A sensibilidade não seria enganosa, pois poderia, sim, ser perfeito ideal, ainda que produzido por mãos humanas. A imaginação cumpre papel preponderante na realização desse feito, animando a ideia, fazendo da natureza mais que um simples modelo a ser copiado, fomentando a riqueza da invenção.

Segundo Alencar (1953, p. 28), em "tudo pois há poesia, (...), em tudo há o belo, que não é senão reflexo da divindade sobre a matéria", não concebendo que a natureza seja inferior ou superior à obra de arte. Os renascentistas dividiam-se nesses dois conceitos. De um lado, a obra de arte sendo vista como inferior à natureza por se tratar de uma mera imitação desta; por outro, como superior, quando o artista, corrigindo as falhas da natureza (ou da matéria), criava uma imagem renovada da beleza. Contudo, em Alencar, a natureza não é imitada, é inspirada, não podendo ser a obra de arte inferior; e não é superior, uma vez que "em tudo há o belo". O artista não fechará seus olhos para as falhas da natureza, procurará o que as torna horrivelmente belas. Se, para Aristóteles, a forma antes de penetrar na matéria reside na alma humana (Panofsky, 1994, p. 22), sendo o humano carente de perfeição, logo é preciso anular as imperfeições na obra. Mas Deus, na sua perfeição sobre a matéria, apenas precisa ser revelado pela sua beleza, objetivo não refletido por Aristóteles. O belo participa da ideia mesmo quando a natureza apresenta um desequilíbrio das partes, embora nesse caso deva ser filtrado pelo sublime. Tal desequilíbrio também é reconhecido como integrante da harmonia da natureza; é a contradição das partes e seu aparente desequilíbrio que servem de base para o conhecimento profundo da matéria e, consequentemente, para uma produção artística mais inspirada. Assim como Hobbes, parece Alencar acreditar que, no tocante à produção da poesia, ela seria verdadeira desde que estivesse "em correspondência com a ordem conhecida da natureza" (Abrams, 2010, p. 354).

Poesia, irmã da arte (Alencar *in* Castello, 1953, p. 41), para o escritor cearense, tem sua origem no "laço misterioso que prende a alma ao corpo, a luta entre o espírito e a matéria, a contradição de duas vidas opostas, uma que aspira elevar-se ao seio do Criador, outra que se sente presa à terra" (Alencar *in* Castello, 1953, p. 24). Victor Hugo diz algo semelhante sobre a poesia, a qual chama também de drama:

> O drama é a poesia completa. A ode e a epopeia não contêm senão em germe; ele as contém, uma e outra, em desenvolvimento; ele as resume e encerra ambas.
>
> Atenhamo-nos aos fatos reunidos mais acima: completemo-los aliás por uma observação importante. É que não pretendemos de maneira alguma atribuir às três épocas da poesia um domínio exclusivo, mas somente fixar seu caráter dominante. A Bíblia,

este divino monumento lírico, encerra, como o indicávamos há pouco, uma epopeia e um drama em germe, os *Reis* e *Jô*. Sente-se em todos os poemas homéricos um resto de poesia lírica e um começo de poesia dramática. A ode e o drama se cruzam na epopeia. Há tudo em tudo; só que existe em cada coisa um elemento gerador ao qual se subordinam todos os outros, e que impõe ao conjunto seu caráter próprio. (Hugo, 2007, p. 43)

Para Victor Hugo, o cristianismo, ao inspirar no homem sua dupla face (uma perecível, outra imortal; uma carnal, outra espiritual) e ao revelar-lhe a complexidade existencial, lançou os fundamentos das contrariedades humanas, a percepção do indivíduo sobre uma realidade mergulhada no caos, com a percepção da própria miséria humana, necessitada de uma metafísica celestial. Na épica mitológica, não havia a reflexão sobre as contrariedades e as vicissitudes da vida, que passariam a marcar de forma mais drástica o período pós-revolução industrial. A forma seguia uma rotina em que a ordem e a lógica regiam os interesses dos indivíduos. Tudo estava dado e as respostas já existiam antes mesmo das perguntas (Lukács, 2000, p. 98). A narrativa é cíclica, retomando com propriedade o estado primeiro do movimento e das coisas, pois,

Observados de longe, acontecimento e homens aumentam de proporção. O passado remove os heróis de vicissitudes vividas. Encerrados num tempo concluído, vivem em perfeição indelével. Não evoluem. São para todo sempre o que são. O tempo, subtraindo-os de mudanças, confere-lhes a aura divina que os envolve, eterniza-os na memória dos pósteros. (Schüller, 2004, p. 35)

E, assim,

> Se algum dos deuses quisesse libertar os homens da lei da morte, ofenderia ordem firmemente estabelecida. Imanente, o destino ordena, liga o passado ao futuro. Não aniquila o homem, estabelece-o, ao contrário, na condição humana. [...] A ordem universal exige que imperecíveis sejam apenas os deuses e suas moradas olímpicas. (Schüller, 2004, p. 34)

A *totalidade intensiva* da *essencialidade*, na forma dramática, está em contraposição à *totalidade extensiva da vida*, cuja representação encontra-se na epopeia. O herói épico empreenderia um conjunto de deveres morais apriorísticos. A epopeia não poderia, a partir de sua forma, superar extensão, profundidade, conclusividade e materialização, tendo em vista que se estabelece na ordenação da vida historicamente dada. Daí uma forma literária que comportasse o drama do novo mundo: o romance, único capaz de encarar as contrariedades do homem moderno. Entretanto, para Alencar, poesia é mais que uma totalidade intensiva da essencialidade, é também poder ver, sentir e ouvir o pensamento do poeta, sendo isso possível apenas se este se manifestar por meio da razão, do coração e dos sentimentos. Pode-se inferir que a poesia e as imagens da ideia se aproximam em concepções parecidas: a poesia da imagem está para a forma, para a visibilidade e para a razão; a pintura da imagem está para a cor, o sentir e o coração; e a música imagética do pensamento está para o som, a audição e os sentimentos. Cada grupo desses elementos pode ser entendido, respectivamente, como Belo do Pensamento, Belo da Natureza e Belo do Sentimento.

Referências

ABRAMS, Meyer Howard. *O espelho e a lâmpada*: teoria romântica e tradição crítica. São Paulo: Unesp, 2010.

ALENCAR, José de. Cartas sobre A confederação dos tamoios. In: CASTELLO, José Aderaldo. *A polêmica sobre "A confederação dos tamoios"*. São Paulo: Faculdade de Filosofia, Ciências e Letras da USP, 1953.

______. "Bênção paterna". In: ______. *Obra completa*. Rio de Janeiro: José Aguilar, 1959.

______. "Advertência e prólogo da primeira edição (1859)". In: ______. Ensaios literários. *Obra completa de José de Alencar.* Rio de Janeiro: José Aguilar, 1965.

______. "O garatuja". In: ______. Cavavo. *Obra completa de José de Alencar*. Rio de Janeiro: José Aguilar, 1964.

______. "Carta ao Dr. Jaguaribe". In: ______. *Obra completa de José de Alencar.* Rio de Janeiro: José Aguilar, 1965a.

______. *Obra completa*. Rio de Janeiro: José Aguilar, 1959ª.

COUTINHO, Afrânio. *A tradição afortunada*. Rio de Janeiro: José Olympio, 1968.

DE MARCO, Valéria. "Uma história de sonhos, uma história de ouro". In: ALENCAR, José de. *Sonhos d'ouro*. São Paulo: Ática, 1981.

GOETHE, Johann Wolfgang von. *Doutrina das cores*. São Paulo: Nova Alexandria, 1993.

______. *Goethe e Schiller*: companheiros de viagens. São Paulo: Nova Alexandria, 1993.

HUGO, Victor. *Do grotesco e do sublime.* São Paulo: Perspectiva, 2007.

JAUSS, Hans R. "Tradição literária e consciência atual da modernidade". In: OLINTO, Heindrun Krieger (Org.).

Histórias de literatura: as novas teorias alemãs. São Paulo: Ática, 1997.

LUKÁCS, Georg. *A teoria do romance. São Paulo: Editora 34, 2000.*

MACFARLANE, Alan. *A cultura do capitalismo*. Rio de Janeiro: Zahar, 1989.

MAGALHÃES, D. J. Gonçalves de. *A confederação dos tamoios*. Rio de Janeiro: Secretaria de Estado de Cultura, 1994.

MOISÉS, Massaud. *A criação literária*: introdução à problemática da literatura. *São Paulo: Melhoramentos, 1967.*

PANOFSKY, Erwin. *Idea*: a evolução do conceito de belo. São Paulo: Martins Fontes, 1994.

SCHÜLLER, Donald. *A construção da Ilíada*: uma análise de sua elaboração. Porto Alegre: L&PM, 2004.

Uma reflexão acerca do universo heroico na obra *O gaúcho* de José de Alencar

Gabriele Freixeiras Freitas[1]

Influenciado pelo pensamento romântico, José de Alencar busca desenvolver uma literatura com uma temática nacionalista. Conforme o idealizador de *O guarani* (1857), a literatura de um país deve ser a expressão de sua nacionalidade. Dessa forma, o autor apoiava o emprego de uma linguagem própria e de uma literatura baseada na diversidade regional do Brasil. Ainda nesse mesmo pensamento, Alencar defendia o romance como gênero que mais se adequaria à expressão brasileira, sendo assim responsável por consolidar a ficção, tal como a literatura regionalista. É através de suas *Cartas sobre A confederação dos tamoios* (1856) que Alencar (1960, v. IV, p. 876) propõe a produção de um poema nacional que possa exprimir as "tradições selvagens da América". Segundo Octavio Paz, o Romantismo proporcionou esse diálogo da poesia com a prosa, tendo por "consequências dessa interpenetração: o poema em prosa e a periódica renovação da linguagem poética, ao longo do século XIX e XX" (Paz, 2013, p. 68).

1. Mestra em Literatura Comparada pela Universidade Federal do Ceará (UFC).

Motivado pelo sentimento nacionalista, Alencar cria personagens que se ajustam à alma do povo brasileiro, cujos anseios foram expressos em protagonistas como Manuel Canho, de *O gaúcho* (1870). Nessa obra, o autor cearense reinventa o herói romântico, o sujeito incapaz de adaptar-se à sociedade, lançando-se à evasão em meio à natureza. Essa personagem forma a imagem do herói que apresenta elementos essenciais do Romantismo.

Mediante a diversidade das regiões retratadas nas obras de José de Alencar, especialmente em *O gaúcho*, podemos observar as claras representações dos mais diversos aspectos da cultura brasileira, tendo o caráter regional fortemente expresso. Nomeados pelo próprio autor de "romances brasileiros", essas obras registram o homem nacional. Baseando-se em seu projeto, Alencar traduz por meio de seu herói regional qualidades que já caracterizavam o espírito romântico: o individualismo, o nacionalismo, a solidão, a lealdade, o escapismo e o culto à natureza.

A obra *O gaúcho*, apesar de ter sido escrita no início da década de 1870, foi ambientada nas primeiras décadas do século XIX, tendo como argumento histórico o Rio Grande e os conflitos vivenciados naquela região nos anos 1830. Para reforçar os aspectos regionais, Alencar, ao abordar as regiões do Brasil, remeteu-se a períodos importantes de nossa História, bem como ao contexto de muitas regiões brasileiras, inseridas em guerras regionais que demonstravam as insatisfações populares durante o governo imperial brasileiro, quando eram promovidas lutas por maior autonomia para as províncias.

É dessa forma que *O gaúcho* tratará de um período conturbado na história do povo rio-grandense, valendo lembrar a singular situação do Sul, por ser uma região fronteiriça aos domínios hispânicos. Diante da influência dessa temática, "a fundação do imaginário de base geográfica, relacionando-se com o interesse pela legitimação de fronteiras, determina, na literatura, a temática das viagens, estimulando as descrições de paisagens e a listagem de recursos naturais" (Figueiredo, 2000).

Sobre as relações nas fronteiras brasileiras no período, em nota, Alencar (1953, v. IX, p. 398) acrescenta:

> Nas fronteiras, o contato de populações de nacionalidade diferente produz geralmente a repulsão com seu cortejo de lutas e vinganças, embora algumas vezes se estabeleça uma certa adesão, como apoio à resistência contra o respectivo governo. Essa é a história da nossa fronteira do sul; ao mesmo tempo couto de caudilhos nossos e refúgio de rebeldes estrangeiros.

Como arcabouço histórico, Alencar insere homens históricos como personagens de seus romances. É o caso de Juan Lavalleja, o herói da independência de Montevidéu, e o coronel Bento Gonçalves da Silva, veterano da guerra da Cisplatina e comandante da fronteira de Jaguarão e Bagé. Com isso, Alencar vale-se de personagens e momentos históricos representativos ante a estruturação da região Sul do país, que buscava sua autoafirmação. Sobre a essência da escrita alencarina,

> a matéria narrada é restrita ao universo da experiência humana, e isto sem dúvida facilitou o aproveitamento da matéria de extração histórica, que é, em contraposição à matéria de extração mítica, espaço específico de atuação do homem. (Bastos, 2001)

Assim, a riqueza descritiva também fazia parte da proposta alencarina, que objetivava imprimir uma identidade ao homem nacional. Para Agripino Grieco (*in* Alencar, 1953, p. 11), Alencar "foi um (...) autor que pretendeu ver o país em conjunto, de extremo a extremo, e se tornou grande poeta, o grande historiador, o grande pintor deste país".

Escrito na segunda metade do século XIX, *O gaúcho* deixa transparecer uma aura de melancolia. Pela nota de abertura, Alencar manifesta esse sentimento, que será uma constante na obra, ao refletir sobre a palavra Sênio, pseudônimo adotado nas obras que marcariam a sua "velhice literária":

> Que significa este nome – Sênio – no frontispício de livros que vozes benévolas da imprensa já atribuem a outrem.
> Cada um fará a suposição que entender.
> Era preciso um apelido ao escritor, destas páginas, que se tornou um anacronismo literário. Acudiu a esse que vale a outro e tem de mais o sainete da novidade. Porventura escolhendo aquela palavra, quis o espírito indicar que para ele já começou a velhice literária, e que estes livros não são mais as flores da primavera, nem frutos do outono, porém sim as desfolhas do inverno?
> Talvez.
> Há duas velhices: a do corpo que trazem os anos, e a da alma que deixam as desilusões.
> Aqui, onde a opinião é terra sáfara, e o mormaço da corrupção vai crestando todos os estímulos nobres; aqui a alma envelhece depressa. E ainda bem! A solidão moral desta velhice precoce é um refúgio contra a idolatria de Moloc. 10 de novembro de 1870. (Alencar, 1953, v. IX, p. 19)

Uma nota de desilusão fica expressa no discurso alencarino, sendo esse mesmo sentimento bastante recorrente durante toda sua produção. Ao escrever *O gaúcho*, Alencar tinha apenas quarenta anos; logo, não se referia à velhice do corpo, trazida pelos anos. Em um tom de desabafo, o escritor mostra em poucas linhas seu cansaço e sua amargura, advindos provavelmente de uma vida de confrontos. Sobre a vida do romancista, Alceu Amoroso acrescenta que,

> [...] como homem de letra, como jurista, como político, e como pessoa humana, foi realmente uma criatura excepcional, um grande píncaro solitário, batido pelos ventos da incompreensão e da animosidade, plantando no seu tempo, lutando com um temperamento difícil e fechado, marcado por um invencível instinto de nacionalidade e até de regionalidade, mas aberto aos horizontes mais vastos, como uma visão cósmica e até profética do universo. (Lima, 1965, p. 37)

Na obra *O gaúcho*, o enredo reflete um modelo baseado no projeto nacional alencarino. Constituindo uma cena brasileira, a obra narra a história de Manuel Canho, que durante a infância testemunha o assassinato do pai. Esse acontecimento será o desencadeador de uma série de fatos que norteará toda a obra. A morte precoce do pai é o primeiro conflito, responsável por movimentar o enredo e moldar a alma do herói: "Era Manuel, então na idade de nove anos. Sombrio e taciturno desde a morte do pai (...)" (Alencar, 1965, p. 134). A partir de então, dois sentimentos disputarão a alma de Manuel: o desejo de vingar-se do homem que matou seu pai e o inconformismo diante do casamento de sua mãe com Loureiro, causando-lhe verdadeira desilusão quanto à fidelidade da mulher. "Isolou-se o menino cada vez mais do seio da família. Um ciclo moral interpôs-se entre o filho e a mãe; da parte desta era quase um remorso; da parte daquele um profundo ressentimento" (Alencar, 1965, p. 37).

Os conflitos mostram-se como uma "relação dialética entre as partes", pois caracterizam "a razão de ser dos romances" (Peloggio, 2010). Portanto, nada mais são que as grandes paixões que afloram, sejam seus motivadores o amor, a vingança, a ambição, o desespero ou o sentimento de angústia. Notamos, pois, que a relação homem-mulher possui um importante papel na obra alencarina. O amor é uma das principais temáticas responsáveis por impulsionar seus vilões e heróis. Para Aderaldo Castello (2004, p. 275), toda obra torna-se, por definição, "a visão existencial do homem [que] se reduz às aspirações do amor e da glória".

Algo chama a atenção na relação do homem com a mulher na obra *O gaúcho*, pois o herói afasta-se do convívio social e busca isolar-se da sociedade. Com efeito, Manuel Canho mostra grande desprezo pela mulher e pela possibilidade de um relacionamento afetivo. Sua falta de confiança nasce da atitude de sua mãe de desposar em tão pouco tempo o homem que seria indiretamente responsável pela morte de seu pai. Vejamos o trecho da obra em que Canho, conversando com Perez, deixa claro o seu desdém pelo sexo oposto:

> – Caramba! exclamou Perez. Por uma noiva e pelo pecurrucho que lhe ela desse, você não fazia mais do que pela égua e seu poldrinho.
> O Canho fitou no semblante do entre-riano os olhos surpresos. Estranho sorriso perpassou-lhe nos lábios.
> – Por uma mulher, nada! (Alencar, 1953, v. IX, p. 101)

Manuel continua:

> – Acredite, se quiser; mas digo-lhe que nunca até hoje me bateu o coração por mulher: e desejo morrer assim. Não pode haver mais desgraça para um homem!

– Também isso é demais.

– Eu as conheço. Gostam de todos, mas não podem viver para um só: se morre aquele a quem pertenciam, já não se lembram dele; e começam a querer bem a outro. Mas é só pelo gosto de terem um companheiro; não que elas sejam capazes de sacrificar-lhe tudo.

– Muitas são assim, não há dúvida.

– Todas, Perez. Onde acha uma rapariga capaz de fazer o mesmo que a baia? [...] (Alencar, 1953, v. IX, p. 102)

Dando continuidade à temática feminina em *O gaúcho*, notamos que até o final da obra o que se dá é uma interação bastante conflituosa: seja no ressentimento profundo em relação à mãe, que, "(...) esposa e companheira, subtraíra-se à memória daquele a quem jurara eterna fidelidade e se entregara a um estranho" (Alencar, 1953, v. IX, p. 143), seja na confusão de sentimentos por sua irmã Jacintinha, pois "de um lado o rapaz sentia-se tomado de simpatia pela menina; porém recalcava este impulso e o combatia, pois via nele uma cumplicidade no esquecimento de Francisca pela memória de João Canho" (Alencar, 1953, v. IX, p. 144). No que concerne ao amor de Manuel por Catita, o que antes era desprezo torna-se amor, mas esse sentimento será perturbado por dois antagonistas, D. Romero e Félix, que disputarão com Canho o coração de Catita.

No livro primeiro, em seu capítulo de abertura intitulado "O pampa", nota-se a descrição exuberante da paisagem, reforçando a importância da natureza na obra, tendência marcante do Romantismo. A natureza, mais do que um painel no qual se sobrepõe toda ação, torna-se um espelho do homem regional, sem que se sugira qualquer traço de determinismo. Assevera-se, assim, a íntima relação homem-natureza:

> Como são melancólicas e solenes, ao pino do sol as vastas campinas que cingem as margens do Uruguai e seus afluentes! A savana se desfralda a perder de vista, ondulando pelas sangas e coxilhas que figuram as flutuações das vagas nesse verde oceano. Mais profunda parece aqui a solidão, e mais pavorosa, do que na imensidade dos mares. (Alencar, 1953, v. IX, p. 23)

Assim inicia Alencar seu romance. Podemos, então, observar que as mesmas características usadas para a descrição da paisagem poderiam ser utilizadas para falar de seu herói. No trecho anteriormente citado, os termos "melancólicas", "solenes", "solidão" e "imensidade" poderiam igualmente descrever Manuel Canho em sua solidão e isolamento da sociedade, pois ele vive e se confunde com a própria natureza que o cerca, conforme descreve Alencar (1953, v. IX, p. 23) o universo gauchesco:

> Raro corta o espaço, cheio de luz, um pássaro erradio, demandando a sombra, longe na restinga de mato que borda as orlas de algum arroio. A trecho passa o poldro bravio, desgarrado do magote; ei-lo que se vai retouçando alegremente a babujar a grama do próximo banhado.
>
> No seio das ondas o nauta sente-se isolado; é átomo envolto numa dobra do infinito. A âmbula imensa tem só duas faces convexas, o mar e o céu. Mas em ambas a cena é vivaz e palpitante.

Em tamanha vastidão e isolamento, o gaúcho é como sua terra, selvagem como o poldro bravio e livre. Como diz Alencar (1953, v. IX, p. 25), "cada região da terra tem sua alma" e o herói em questão tem "a alma pampa" (*Ibid.*), digna dos habitantes dessas "estepes americanas".

Alencar nos antecipa as características do herói, pois quem nessas terras habita "tem grandes virtudes na alma. A coragem, a sobriedade e a rapidez são indígenas da savana" (*Ibid.*). Essas são as primeiras declarações do autor ao referir-se ao protagonista do romance. Nesse aspecto, Manuel Canho faz jus aos grandes heróis épicos: ele e o mundo natural vivem em harmonia, e seu caráter, sua coragem e sua habilidade destacam-no dos demais homens.

Segundo Bourneuf e Ouellet (1976, p. 200), assim como "as personagens de romances agem umas sobre as outras e revelam-se umas às outras", essas relações também se estendem aos lugares e aos objetos. Daí a importância do ambiente e seus objetos na caracterização e construção da personagem. Assim, Alencar (1953, p. 26) assevera "Tal é o pampa", com a intenção de reforçar a relação de perfeita harmonia entre o homem gaúcho e o seu meio natural, o pampa. No primeiro momento da obra, a descrição da natureza e a do homem confundem-se; passamos a enxergá-los como uma unidade harmoniosa. Vejamos, no trecho que se segue, a primeira menção do narrador ao gaúcho:

> Nenhum ente, porém, inspira mais energicamente a alma pampa do que o homem, o *gaúcho*. De cada ser que povoa o deserto, toma ele o melhor; tem a velocidade de uma ema ou da corça, os brios do corcel e a veemência do touro.
>
> O coração, fê-lo a natureza franco e descortinado como a vasta coxilha; a paixão que o agita lembra os ímpetos do furacão, o mesmo bramido, a mesma pujança. A esse turbilhão do sentimento era indispensável uma amplitude de coração, imensa como a savana. (Alencar, 1953, v. IX, p. 26)

É no capítulo cinco do livro I que somos apresentados ao chileno D. Romero. O título do capítulo, "O páreo" – termo que remete à competição, à disputa –, ressalta a importância de tal personagem na configuração da obra, dando uma pista inicial do que acontecerá mais adiante. Assim inicia o narrador ao apresentar D. Romero:

> Espécie de mercador ambulante, misto de mascate e de aventureiro, costumava ele percorrer as cidades e povoações do interior à cata do bom negócio, como da boa vida. [...]
> Quando tinha a bolsa recheada e achava encanto no lugar, deixava-se ficar uns oito ou quinze dias, quantos bastavam para concluir alguma aventura amorosa, ou para tirar a sua desforra dos parceiros que no jôgo da primeira lhe haviam limpado as onças. (Alencar, 1953, v. IX, p. 50)

Acrescenta o narrador que "(...) seu espírito superficial saciava-se logo das impressões de qualquer lugar, e carecia logo de uma diversão" (Alencar, 1953, v. IX, p. 51). Com essas informações, o leitor pode delinear o caráter e o tipo de personagem que está sendo apresentado. D. Romero é um *bon-vivant*, sem laços ou compromissos, e é um mascate, negociador que busca oportunamente uma forma de se dar bem, seja financeiramente, seja com as moçoilas. Por sua aparência carismática e uma vestimenta caprichosa, chamava a atenção das mulheres. Mas são as considerações feitas por Alencar, em nota da primeira edição de 1870, que ajudam a formar a ideia inicial do personagem e permitem entender os motivos do autor para a criação desse antagonista. Nessa nota, o autor justifica o fato de não ter conferido a D. Romero a nacionalidade brasileira, reforçando a importância em criar tipos brasileiros dos quais o valor seria inquestionável:

> Parece escusado advertir que ao caráter de Romero, neste livro, não se quis imprimir um cunho nacional. Da raça há sem dúvida traços bem salientes, na índole casquilha e aventureira; o mais

> é resultado do temperamento, que forma a individualidade, independente de quaisquer acidentes locais.
>
> Não podia, pois caber na mente do autor a ideia de lançar o odioso personagem à conta de uma raça que renova na América as tradições gloriosas da Europa; e de um povo ilustrado, que tanto se distingue por sua perseverança e energia nas conquistas da liberdade e da civilização. (Alencar, 1953, v. IX, p. 398)

Portanto, o representante ilustre da pátria brasileira não poderia ser descrito com tais qualidades. Manuel Canho é o modelo de toda uma tradição gloriosa, responsável por renovar os valores europeus e fundar o herói nacional. Com isso, Alencar não corrompe seu ideal de herói nacional, buscando em outra nação o vilão de que necessita.

Canho, apesar de herói, já subverte, em parte, a imagem do herói solar grego ou mesmo do herói idealizado das cavalarias. Ao contrário destes, Canho não tem uma origem nobre, sendo ele filho de um simples amansador de cavalos. Seu temperamento "concentrado e misantropo" (Alencar, 1953, v. IX, p. 142) alimenta a tristeza da perda do pai, sentimento que se transformará em um obsessivo anseio de vingança.

No entanto, assim como o herói homérico, o herói alencarino destaca-se dos demais homens, todavia, de formas diferentes: no primeiro, o indivíduo já nasce predestinado, sua origem metade divina e suas habilidades sobre-humanas o sobrepõem aos demais homens; no segundo caso, essa sobreposição não é enfatizada em seu nascimento, ele não nasce herói, mas faz-se herói no decorrer de sua vida. O indivíduo romanesco não é um semideus. Diante disso, sem qualquer apoio divino, será não apenas seu ideal, mas sua coragem, seu vigor e sua proeza que o destacarão dos demais homens.

Gaúcho não é peão: apresenta-se como uma casta mais honrada, altiva e viril. Um habitante livre, que leva "a pátria nas patas do seu corcel". Assim instaura-se o caráter diferenciado de Manuel Canho. No cerne da raça está sua origem nobre, diferenciando-se propriamente do peão, que, apesar da profissão nobre, é apenas um "proletário". O autor cinge o herói com o ar de senhor das campanhas. Entretanto, é no segundo capítulo que finalmente passamos a conhecer mais diretamente o herói, pois, indiretamente, essa personagem já nos foi apresentada e, com isso, já é possível conceber, ligeiramente, uma ideia de seu perfil. Alencar, então, apresenta-nos a ele:

> Era o cavaleiro moço de 22 anos quando muito, alto, de talhe delgado, mas robusto. Tinha a face tostada pelo sol e sombreada por um buço negro e já espesso. Cobria-lhe a fronte larga o chapéu desabado de baeta preta. O rosto comprido, o nariz adunco, os olhos vivos e cintilantes davam à sua fisionomia a expressão brusca e alerta das aves de altaneria. (Alencar, 1953, v. IX, p. 28)

Nesse parágrafo, o autor faz uma descrição física minuciosa. Alencar dá continuidade à caracterização do herói descrevendo detalhadamente a vestimenta e os acessórios de um gaúcho típico:

> Pelo trajo se reconhecia o gaúcho. O ponche de pano azul forrado de pelúcia escarlate cai-lhe dos ombros. A aba revirada sobre a espádua direita mostrava a cinta onde se cruzavam a longa faca de ponta e o amolador em forma de lima.
>
> Era cor de laranja o chiripá de lã enrolado nos quadris, em volta das bragas escuras que desciam pouco além do joelho. Trazia botas inteiriças de potrilho, rugadas sobre o peito do pé e ornadas com as grossas chilenas de prata. (Alencar, 1953, v. IX, p. 29)

Assim como o título do capítulo "O viajante", Manuel Canho encontra-se em um estado de transição para o leitor, de um gaúcho sem nome, um viajante caracterizado como os demais por um estereótipo de gaúcho, mas ainda não individualizado. É somente por meio do primeiro diálogo, com Chico Baeta, que o herói será talhado em sua individualidade por um nome e sobrenome como ser único que é, destacando-se. Por esse diálogo, passamos a conhecer sua mestria em corridas e as capacidades de seu companheiro, o cavalo Morzelo. Dessa forma, Alencar delineia para seus leitores o seu herói, Manuel Canho.

Ainda no segundo capítulo, é importante refletir sobre o tema da viagem, que será recorrente em diversos momentos. Apesar de não ser exclusivamente um romance de viagem, *O gaúcho* herda das narrativas épicas essa característica da transposição de espaços, que ajuda a dar ritmo, possibilitando mais aventuras ao herói. Essa abordagem começa a vigorar com mais importância no século XVIII e principalmente no início do século XIX, com as obras de Walter Scott. Essa progressão proporcionará uma aproximação na relação personagem-natureza, uma vez que "(...) a paisagem já não é somente um estado de alma, mas onde ela ilumina o inconsciente de quem a contempla e imagina" (Bourneuf; Ouellet, 1976, p. 151).

Assim, ao transpor os espaços, o gaúcho assevera a liberdade de sua casta. Manuel Canho executa suas tarefas enfrentando grandes distâncias, compondo, assim, um rol de aventuras. O espaço permite ao herói mostrar habilidades, revelar força e coragem diante de grandes obstáculos. Como lembra Bourneuf e Ouellet (1976, p. 202), ao citar Saint-Exupéry, "(...) o homem descobre-se quando se mede com o obstáculo".

O herói do romance moderno lança-se em busca de aventuras em um mundo desconhecido e sem respostas; ao contrário da epopeia, que, "ao sair em busca de aventuras e vencê-las, a alma desconhece o real tormento da procura e o real perigo da descoberta, e jamais põe a si mesma em jogo; ela não sabe que pode perder-se e nunca imagina que terá de buscar-se" (Lukács, 2000, p. 26).

No romance, o mundo mostra-se fragmentado em comparação ao antigo. Apesar de heróis como Odisseu, Aquiles e Gilgamesh atravessarem grandes distâncias, seu mundo apresenta um caráter mais diretivo. Conforme Lukács (2000, p. 25), para os heróis da epopeia, "Tudo lhes é novo e no entanto familiar, aventuroso e no entanto próprio. O mundo é vasto, e no entanto é como a própria casa", os destinos já estão traçados, não havendo mais perguntas em um mundo no qual as respostas já estão dadas. Já para o indivíduo do romance alencarino, sua vida não está delineada aprioristicamente pelos deuses e seu destino é tomado de incertezas: "Hoje em Jaguarão; e daqui a oito dias, Deus sabe onde! Talvez contigo, pai, lá em cima, murmurou o gaúcho engolfando os olhos no límpido azul do céu" (Alencar, 1953, v. IX, p. 33).

O herói romanesco pode igualmente superar grandes distâncias e viver novas aventuras, mas o mundo em que vive traz consigo a impossibilidade da totalidade, aquela existente no mundo epopeico, pois a epopeia "dá forma a uma totalidade fechada a partir de si mesma" (Lukács, 2000, p. 60). No romance, ocorre uma ruptura dessa totalidade, logo ela deve ser buscada pelo herói em um mundo fragmentado. Assim, essa busca constante por algum sentido torna-se a objetivação do romance.

A relação herói-coletividade se dá, no romance, de forma muito diferenciada das que se configuram nas epopeias e nas tragédias da Antiguidade. Nestas, o destino do herói estava diretamente ligado ao coletivo, pois o todo de seu sistema é demasiado orgânico para que se veja fragmentado. Segundo Lukács (2000, p. 42), esse tipo de herói jamais se tornará um indivíduo, pois

> [...] em suas raízes mais profundas, todos são aparentados uns aos outros; todos se compreendem mutuamente, pois todos falam a mesma língua, todos guardam uma confiança mútua, ainda que como inimigos mortais, pois todos convergem do mesmo modo ao mesmo centro e se movem no mesmo plano de uma existência que é essencialmente a mesma.

A individualidade do herói só é possível em um mundo fragmentado como o do romance, pois nele "ser homem significa ser solitário" (Lukács, 2000, p. 34). Todavia, na epopeia esse herói não poderá jamais tornar-se indivíduo, por ser naturalmente um homem ligado com a coletividade. O herói epopeico está em perfeita consonância com seu mundo, "onde todos são aparentados" (p. 42). Essa ligação harmônica com a comunidade é o que torna o seu mundo perfeito e homogêneo, possibilitando um mundo pleno em sua totalidade.

Por seu caráter orgânico, um ato heroico apresenta uma amplitude muito maior no mundo da epopeia. A série de aventuras vivenciadas por seus heróis afeta todo o destino de um povo ou linhagem. No romance, existe uma aparente ligação que une os seres e os objetos; porém, essa visão de totalidade é ilusória, já que o herói da grande épica é paradoxalmente solitário e individualista.

Portanto, em *O gaúcho*, as ações de Manuel são comandadas por seus próprios ideais. Apesar do projeto alencarino de herói nacional, o contexto histórico-filosófico em que vive o herói do romance não permite que ele aja de forma contrária ao seu caráter individualista. Para Manuel Canho, o envolvimento com a causa rio-grandense justifica-se por conta da memória de seu pai, do respeito que tem por Bento Gonçalves e do seu orgulho gaúcho. Em um herói egocêntrico, há poucos laços afetivos e poucos são aqueles que merecem o seu apreço. Os infortúnios sofridos já na infância fazem com que Manuel passe por um verdadeiro rito de passagem: da inocência e alegria para a dor e a desilusão com o mundo.

> Para Manuel, o mito da realidade, bem cedo esboçado, foi a morte do pai. Ele entrou no mundo foi pelo pórtico da dor. O triste acontecimento, que o arremessou prematuramente da infância à adolescência, coincidiu com outros fatos, que, embora restritos ao círculo da família, e encerrados em um breve espaço de tempo, formaram uma espécie de miniatura da vida. Nessa página se desenhou em esforço a imagem da existência humana. (Alencar, 1953, v. IX, p. 143)

Assim, a alma de "Manuel cresceu, mas sempre concentrado e misantropo. Parecia que essa alma em flor, crestada ao desabrochar, se confrangera em um capulho negro e rijo. (...) Era o coração do rapazinho um aborto semelhante" (Alencar, 1953, v. IX, p. 142). Esses sentimentos fazem com que Manuel crie sua própria concepção de mundo:

> Em Manuel a aberração fora mais profunda, pois o lançara longe de seus semelhantes; felizmente, porém, o coração não se depravou; conservava suas afeições, elos morais que só desamparam a criatura quando o vício gasta a alma; acreditava no amor e na amizade; sentia a atração do bem. Mas toda esta seiva robusta se transplantara para as regiões estranhas e diferentes daquelas, onde viçam e florescem as paixões humanas. (Alencar, 1953, v. IX, p. 145)

Esse trecho reforça o sentimento de profunda desilusão de Manuel com os homens, levando-o a isolar-se do mundo e de suas convenções. A infância tortuosa torna Manuel solitário e desajustado, pois é a partir das desilusões da infância que nosso herói moldará seus ideais que, em grande parte, não se ajustarão à sociedade em que vive. A dualidade do romance encontra-se exatamente nesse embate constante entre herói e mundo, na sua busca por algo que atenda aos seus anseios, mas que não pode ser encontrado. É esse sentimento de inadequação que Lukács (2000, p. 38) nomeia como "desabrigo transcendental".

Como bem resume Bakhtin (2010, p. 137), "a ação do herói do romance é sempre sublinhada pela sua ideologia: ele vive e age em seu próprio mundo ideológico, ele tem a sua própria concepção do mundo, personificada em sua ação e em sua palavra". São heróis regidos por seus interesses individuais e egocêntricos; logo, não sendo possível identificar nestes um indivíduo coletivo, esse comportamento é "a repercussão interior da pouca estima em que o gaúcho tinha geralmente à raça humana" (Alencar, 1953, v. IX, p. 114).

Encontramos no pensamento do filósofo suíço Jean-Jacques Rousseau as primeiras manifestações românticas da insatisfação do homem com a sociedade em que vive: o homem buscará na evasão da sociedade e no retorno à natureza um significado para sua existência, pois, segundo o filósofo, em sua obra *Do contrato social* (1762), o homem nasceria naturalmente bom, sendo corrompido pela civilização; a comunhão com a natureza seria a única maneira de preservar a verdadeira essência do homem.

Logo, por trás de tamanha beleza e riqueza na descrição natural encontra-se uma luta dramática do indivíduo com o mundo, fruto de tácita insatisfação e desencanto com o todo da cultura. Como consequência, o herói externa sua reprovação ao isolar-se. Assim, podemos observar no herói romântico a solidão como tendência recorrente, pois, para este indivíduo, esse "mundo em desordem" (De Marco, 1993, p. 102) não atende aos seus anseios. Em *O gaúcho*, Manuel é um herói desiludido com as relações humanas, preferindo viver afastado, tomando por companheiros e amigos os cavalos:

> Foi deste modo que a alma do gaúcho emigrou da família primeiro e depois da sociedade humana para a raça bruta que simbolizava a seus olhos a fidelidade, a dedicação e a nobreza. Seu coração ermo e exilado buscou naturalmente na comunhão dessas criaturas a correspondência dos sentimentos inatos ao homem. (Alencar, 1953, v. IX, p. 145)

Manuel Canho é filho dos pampas e em seu ser desiludido alimentará o desencanto e o repúdio à sociedade convencional. Sua alma, em um individualismo egocêntrico, introverte-se mais e mais para negar o mundo. Então, "que anomalia era a fibra cardíaca deste homem? Coração para uma raça bruta, músculos apenas para sua própria espécie e até para a sua família" (Alencar, 1953, v. IX, p. 124). Essa "anomalia" constitui o reflexo de uma "infância monótona e triste" (p. 178), na qual o menino solitário não encontrou qualquer apoio na raça humana. Dessa forma, "o primeiro símbolo do amor que se gravou n'alma de Manuel não foi uma figura humana, porém o vulto de um corcel" (p. 144).

Entre os traços que caracterizam os heróis alencarinos, podemos observar a estreita relação que mantêm com os animais, selvagens ou domésticos. Em *O gaúcho*, Manuel Canho tem seus cavalos como sua família, devotando mais amor e confiança a eles do que aos próprios seres humanos. "Quando se expandia em amor e dedicação com os animais, seus prediletos, tanto se retraía com frieza e indiferença ante as mais doces afeições de sangue que o cercavam" (Alencar, 1953, v. IX, p. 124). Portanto, dentro dessa relação de amor e confiança do gaúcho com o cavalo,

> a natureza se faz para eles amiga e confidente. Atribuem-lhe sentimentos que se conjugam com os seus: veem ela triste ou alegre, melancólica ou serena e, às vezes, misteriosa; sentem-na trêmula ao mesmo movimento rítmico do seu próprio coração. (Tradução livre)[2]

Neste ínterim, concluímos que a maior problemática do herói romanesco instaura-se na sua inadequação com o todo, em oposição ao herói da epopeia que é assimilado em um mundo harmonioso. O indivíduo do romance destaca-se não encontrando aderência no mundo que o mantém. O sentido da forma do romance é dado a partir do próprio indivíduo que o busca e não do todo que o sustenta, como ocorre na epopeia em sua perfeita integração entre homem e mundo, pois herói, deus e mundo são todos da mesma substância e, por esse motivo, inseparáveis. No romance essa inteireza formal da epopeia não é possível, pois o mundo que o cerca é destituído de substância e o devir ou dever ser do indivíduo é representado pela própria contingência entre alma e obra. Apesar de a obra ser construída baseando-se em um ideal épico, o herói é romântico, o que causa descompasso entre o todo e a obra, a partir da inadequação do herói ao mundo.

2. Trecho original: "*La naturaleza se hace para ellos amiga y confidente. Le atribuyen sentimientos que se conjugan con los suyos: la ven triste o alegre, melancólica o serena y, a veces, misteriosa; la sienten tremolar al mismo latido de su propio corazón*" (Van Tieghem, 1958, p. 211).

É com o sentimento de transcendência que nos deparamos com um final tão dramático em *O gaúcho*, no qual o espírito do herói sente a necessidade de "(...) cavalgar o tufão como a um corcel bravio, e precipitar-se com ele pelo espaço (...)" (Alencar, 1953, v. IX, p. 388). Dessa maneira, Manuel Canho lança-se em meio ao tufão com Catita em sua garupa e, após todos os rumores e anseios engolfados pelo ciclone que de súbito silencia, "a natureza quedou-se. Cadáver depois da tremenda agonia" (*Ibid.*). Assim como o fim de *O guarani* (1857), o amor mesmo em sua impossibilidade glorifica o herói, pois "todo ato de alma torna-se significativo e integrado nessa dualidade" (Lukács, 2000, p. 25), porque tanto o ato de alma como a ação do indivíduo no mundo caracterizam-se pelo embate da alma com o seu universo objetivo, e é essa relação de opostos que permite a integração de seu mundo.

Dessa forma, a dramaticidade final deixa em suspenso o destino desses indivíduos, dando vazão a uma simbólica possibilidade de transcendência e união com o todo primordial, pois o herói do romance tem em si uma dualidade conflituosa como pressuposto de sua existência, sendo essa essência capaz de "revelar-se e afirmar-se após uma disputa hierárquica com a vida" (Lukács, 2000, p. 42). Em síntese, é a relação de oposição que configura o romance: é no embate do indivíduo com a realidade inessencial que se busca a integração com o todo que o cerca, pois na epopeia a totalidade é fechada a partir de si, enquanto no romance ela deve ser buscada pelo herói.

Referências

ALENCAR, José de. *Obra completa*. Rio de Janeiro: José Aguilar, 1960, v. IV.

______. "Prólogo". In: FREIXEIRO, Fábio. *Alencar*: os bastidores e a posteridade. 2. ed. Rio de Janeiro: Museu Histórico Nacional, 1981.

______. *O gaúcho*. Rio de Janeiro: José Olympio, 1953, v. IX.

______. *Sonhos d'ouro*. Rio de Janeiro: José Olympio, 1953, v. XII.

BAKHTIN, Mikhail Mikhailovitch. *Questões de literatura e estética*. São Paulo: Hucitec, 2010.

BASTOS, Alcmeno. Entre o "poeta" e o "historiador": a propósito da ficção histórica. *Signótica*, v. 13, jan./dez. 2001. Disponível em: < http://www.revistas.ufg.br/index.php/sig/article/view/7285/5155>. Acesso em: 10 jul. 2014.

BOURNEUF, Roland; OUELLET, Réal. *O universo do romance*. Tradução de José Carlos Seabra Pereira. Coimbra: Almedina, 1976.

CASTELLO, José Aderaldo. *A literatura brasileira*: origens e unidade (1500-1960). São Paulo: Edusp, 2004, v. 1.

DE MARCO, Valéria. *A perda das ilusões*: o romance histórico de José de Alencar. Campinas: Unicamp, 1993.

FIGUEIREDO, Vera Lúcia Follain. Revisitando os mitos românticos da nacionalidade. *Alceu*, Rio de Janeiro, v. 1, n. 1, jul./dez. 2000. Disponível em: <http://revistaalceu.com.puc-rio.br/cgi/cgilua.exe/sys/start.htm?infoid=42&sid=13>. Acesso em: 10 jul. 2014.

GRIECO, Agripino. "Alencar". In: ALENCAR, José de. *O gaúcho*. Rio de Janeiro: José Olympio, 1953, v. IX.

LIMA, Alceu Amoroso. "José de Alencar, esse desconhecido?" In: ALENCAR, José de. *Iracema*. Edição do Centenário. Rio de Janeiro: MEC/Instituto Nacional do Livro, 1965.

LUKÁCS, Georg. *A teoria do romance*: um ensaio histórico-filosófico sobre as formas da grande épica. Tradução, posfácio e notas de José Marcos Mariani de Macedo. São Paulo: Duas Cidades; Editora 34, 2000. (Coleção Espírito Crítico).

PAZ, Octavio. *Os filhos do barro*: do romantismo à vanguarda. Tradução de Ari Roitman e Paulina Wacht. São Paulo: Cosac Naify, 2013.

PELOGGIO, Marcelo Almeida. Os modos dúbios do ser: o real e o contingente em José de Alencar e Machado de Assis. *Signótica*, v. 22, n. 1, jan./jun. 2010. Disponível em: <http://www.revistas.ufg.br/index.php/sig/search/authors/view?firstName=Marcelo&middleName=Almeida&lastName=Peloggio&affiliation=&country>. Acesso em: 10 fev. 2015.

VAN TIEGHEM, Paul. *El romanticismo en la literatura europea*. Tradução ao espanhol de José Almoina. México: UTEHA, 1958.

A ligação com o meio: concepções de literatura em José de Alencar e na Academia Francesa do Ceará

Suellen Carneiro de Lima[1]

O ano de 1870 é considerado pela historiografia literária brasileira como aquele que marca o fim do Romantismo, tendo como críticos à estética romântica Sílvio Romero, Tobias Barreto, Araripe Júnior, Capistrano de Abreu, Rocha Lima e José Veríssimo. Entretanto, esse momento na história e na crítica literária não ocorre somente no Brasil, com as diversas escolas, grupos e jornais que se empenharam na divulgação das novas ideias do século, mas também em outros continentes:

> o movimento intelectual da geração de 70 foi um fenômeno internacional. Na Europa e na América caracterizou-se por uma reação às formas intelectuais e políticas da sociedade tradicional: ao romantismo e ao catolicismo sobretudo. (Alonso, 2002, p. 331)

A geração de 70, relacionando-se, sobretudo, com as correntes de pensamento surgidas na segunda metade do século XIX, como o positivismo e o evolucionismo, pode ser

1. Licenciada em Letras pela Universidade Federal do Ceará (UFC).

entendida como um agrupamento de intelectuais de base ideológica comum. No entanto, foi pela atuação da crítica, principalmente a literária, que esse conjunto de homens das letras manifestou-se com todos os borrões, as nuances e tonalidades de uma época, tornando-se matizes de um entendimento do seu tempo.

Seria esse o tempo em que a história, a biologia, a química e a nascente sociologia foram utilizadas de forma relacionada para darem volume às críticas literárias, em que a perspectiva de causalidade passou a integrar a análise literária. Com Taine, uma das referências mais comuns da geração de 70, a raça, o meio e o momento tornaram-se determinantes do texto literário e do seu autor, e a literatura, dessa maneira, transformou-se em documento capaz de revelar a psicologia de um povo ou de um século.

> Descobriu-se que uma obra literária não é um simples jogo de imaginação, capricho isolado de uma mente calorosa, e sim uma cópia dos costumes circundantes e o sinal de um estado de espírito. Concluiu-se daí que era possível, a partir dos monumentos literários, reencontrar a maneira como os homens sentiram e pensaram há vários séculos. (Taine *in* Souza, 2011, p. 528)

Entretanto, é preciso notar que, como argumenta Antonio Candido (2000, p. 294), esses aspectos foram lançados já na crítica romântica brasileira a partir de Ferdinand Denis, divulgador dos ideais de Friedrich Schlegel e de Madame de Stäel no Brasil. Os intelectuais do último quarto do século XIX somente continuaram essa abordagem mesológica e racial com a referência a Taine.

> Com Denis, principia [...] a longa aventura dos fatores mesológicos e racial na crítica brasileira, que Sílvio Romero levou ao

> máximo de sistematização. Era, com efeito, o tempo das especulações sobre o "espírito nacional" e a influência das latitudes; da peculiaridade das raças e atuação dos climas. Madame de Stäel, continuando a linha francesa que teve em Montesquieu o maior expoente, acentuava a importância do fator geográfico, enquanto Schlegel [...] acentuava o fator racial. (Candido, 2000, p. 289)

Portanto, era uma preocupação comum tanto entre os românticos como entre a geração de 70 a elaboração de uma história e uma literatura nacionais que levasse em conta os fatores naturais como influentes na constituição do Homem. A partir dessa perspectiva, a produção literária e cultural de um povo poderia ser explicada. Desse modo, tornou-se imprescindível que, na análise das concepções de literatura elaborada neste artigo, as oposições entre o Romantismo e a geração de 70 fossem concebidas como um gradiente de perspectivas.

Diante disso, propomos neste trabalho uma análise das concepções de literatura presentes em José de Alencar em Rocha Lima e Capistrano de Abreu, estes últimos integrantes da Academia Francesa do Ceará.[2] Foram consideradas as relações com o meio, tanto como categoria de análise dos críticos quanto como fonte mimética de criação literária:

> [...] a estética da literatura brasileira tem suas origens na influência do meio. O determinismo de Taine justifica para críticos como Sílvio Romero e Araripe Júnior – este último mais restrito à influência do meio, o primeiro à raça – a brasilidade de nossa literatura. Assim a historicidade da mímesis na literatura do

2. Considerado como o "primeiro movimento de grande envergadura" no Ceará por Sânzio de Azevedo (1971), o grupo era composto por Rocha Lima, Tomás Pompeu, Capistrano de Abreu, Araripe Júnior, João Lopes e Xilderico de Farias, atuando em conjunto na Escola Popular e no jornal *Fraternidade*.

século XIX está enraizada no Romantismo, pois ao colocar o nativismo como bandeira, trouxe para a literatura a realidade: a representação desta se faz de maneira influenciada pela teoria determinista. (Mello, 1999)

Partiremos das conferências proferidas por Capistrano de Abreu na Escola Popular, publicadas no jornal *O Globo*, em 1875, sob o título "A Literatura Brasileira Contemporânea", e do ensaio crítico de Rocha Lima, "Senhora, perfil de mulher", publicado por G. M., reunido em seu livro póstumo *Crítica e literatura*, de 1878.

Em contrapartida, analisaremos o texto "Bênção paterna", prefácio de *Sonhos d'ouro*, de José de Alencar, uma vez que nesse escrito há considerações sobre a crítica da época, bem como sobre o processo de produção de seus romances.

Embora houvesse um esforço da crítica dos anos de 1870 em afirmar o fim do Romantismo, José de Alencar, à época da Academia Francesa, publicara os romances *Til*, *Sonhos d'ouro*, *Ubirajara*, *O sertanejo* e *Senhora*, sem que sua atividade literária tenha passado despercebida pela crítica de seus conterrâneos.

Em seu método crítico, Capistrano de Abreu debruçava-se sobre a literatura de seu tempo a partir das ideias de Gleinne, Buckle, Spencer, Martius, Comte e Taine, apresentando dois modos de análise, um qualitativo e outro quantitativo, sendo o de sua escolha o segundo método:

> O primeiro [qualitativo] considera o produto e fixa-lhe o valor apelando para uma idealidade. O segundo [quantitativo] considera o processo, o característico, os antecedentes da realidade. Um julga; outro define. Aquele procura a beleza e a perfeição; este procura o estado psíquico e social. (Abreu, 1975, p. 36-37)

Na tentativa de conhecer a história do Homem por trás da narrativa, Capistrano atribuía à literatura um caráter de objeto, de fonte de análise com validade científica, em que os fatores físicos e naturais do meio afetavam-na de forma orgânica, na medida em que determinavam a expressão da sociedade.

> Essas poucas palavras – expressão da sociedade – dizem muito quando aplicadas à literatura.
> Com efeito, não significam somente que a literatura é um fato social, que há estreita relação entre o elemento social e o elemento literário; que a evolução ou dissolução deste traduzem a evolução ou dissolução daquele. Têm significação mais profunda e elevada: implicam a regularidade dos fenômenos sociológicos, a possibilidade de seu estudo científico. [...]
> A literatura é a expressão da sociedade e a sociedade a resultante de ações e reações: de ações da Natureza sobre o Homem, de reações do Homem sobre a Natureza. (Abreu, 1975, p. 37)

Estaria na literatura o caminho para conhecer o Homem determinado pela Natureza, tornando-se fundamental iniciar a análise crítica por seus antecedentes, ou seja, pelas forças físicas e pelas ações naturais do meio, a partir das quais o Homem reage e produz literatura.

A literatura, enquanto narrativa de um tempo, teria duplo compromisso. O primeiro seria ligado à condição de documento histórico, de objeto científico de um método, ignorando-se o seu caráter estético, em que as fronteiras entre ficção e realidade eram diluídas; o segundo seria ligado à exigência da crítica aos autores para que criassem uma literatura que não só partisse da realidade, mas também a transparecesse. Não haveria espaço para o enaltecimento da Natureza, nem do índio, nem da mulher, mas somente para o entendimento da sociedade.

Da análise da ação das forças naturais sobre o Homem, Capistrano de Abreu formula para o Brasil e para os brasileiros um perfil que corresponde, em muitos aspectos, à perspectiva de Montesquieu sobre o estado dos homens que vivem nos trópicos, corroborando a percepção de que não haveria uma ruptura entre as ideias da geração de 70 e os pressupostos da crítica romântica no Brasil.

Essa aproximação destaca-se, sobretudo, quando Capistrano de Abreu volta-se ao estudo dos indígenas, aprofundando a análise do clima, da alimentação, do solo e da influência de cada um sobre a recente nação.

> Indolente e exaltado, melancólico e nervoso, eis o povo brasileiro qual o fizeram as forças e aparências da Natureza. Por mais vários que sejam seus sentimentos, a todos sobrepuja o alumbramento, o desânimo, a consciência da escravidão às leis mesológicas. (Abreu, 1975, p. 42)

Em comparação, vemos a perspectiva de Montesquieu (1996, p. 242) em *O espírito das leis*:

> O calor do clima pode ser tão excessivo que o corpo estará completamente sem forças. Então o abatimento passará para o próprio espírito; nenhuma curiosidade, nenhuma iniciativa nobre, nenhum sentimento generoso; as inclinações serão todas passivas; a preguiça será a felicidade; a maioria dos castigos serão menos difíceis de suportar do que a ação da alma, e a servidão menos insuportável do que a força do espírito necessária para conduzir a si mesmo.

É impossível ao Homem escapar do poder da Natureza, de tal sorte que, para atestar esse estado emocional de opressão do povo brasileiro, Capistrano de Abreu utiliza um grande trecho da obra de José de Alencar, *O gaúcho*, em que sublinha os parágrafos que melhor representam essa opressão. Em seu destaque, permanece a visão de que, na exuberância dos pampas, a Natureza é tomada como inimiga que assola a vontade do Homem, sobrepujando-o. A literatura, com *status* de exemplo, atestaria por si mesma as visões de que o Homem é conduzido pelas leis físicas.

No prefácio à obra *Sonhos d'ouro*, José de Alencar conversa com seu próprio livro, alertando-o sobre a atuação da crítica de seu tempo. Perfila em seu prefácio os tipos de críticos com os quais seu livro poderia defrontar-se, ironizando, sobretudo, os "homens positivos", que, a seu ver, não teriam mais tempo de ler um livro "maduramente pensado". Além disso, o autor de *Senhora* divide sua produção literária de acordo com as fases por que teria passado a literatura nacional (Alencar, 1959, p. 697-699).

Na advertência contida no prefácio, o autor alerta ao livro que alguém poderia notar-lhe a falta do "matiz brasileiro" e do "picante sabor da terra". Alencar critica o entendimento que parte dos críticos da época elaborava sobre o que seria a literatura nacional, ao mesmo tempo que define de modo diferente o papel da literatura nacional:

> Os oráculos de cá, esses querem que tenhamos uma literatura nossa; mas é aquela que existia em Portugal antes da descoberta no Brasil. Nosso português deve ser ainda mais cerrado, do que usam atualmente nossos irmãos de além-mar; e sobretudo cumpre erriçá-lo de hh e çç, para dar-lhe o aspecto de mata virgem. (Alencar, 1959, p. 696)

A concepção de literatura nacional para Alencar não teria o aspecto de "mata virgem". Ao contrário, a literatura deveria aparecer como uma infusão da influência e dos costumes dos vários povos que entraram em contato com os que aqui viviam.

> A literatura nacional que outra coisa é senão a alma da pátria, que transmigrou para êste solo virgem com uma raça ilustre, aqui impregnou-se da seiva americana desta terra que lhe serviu de regaço; e a cada dia se enriquece ao contato de outros povos e ao influxo da civilização? (Alencar, 1959, p. 697)

A literatura, de modo geral, é concebida no prefácio como um retrato da sociedade com todas as modificações que o "influxo da civilização" poderia proporcionar. Ela teria de voltar-se para a representação da realidade, da qual deveria sair a matéria do romance.

> Como se há de tirar a fotografia desta sociedade, sem lhe copiar as feições? Querem os tais arqueólogos literários, que se deite sobre a realidade uma crosta de classismo, como se faz com os monumentos e os quadros para dar-lhes o tom e o merecimento do antigo? (Alencar, 1959, p. 699)

Sob essa perspectiva, a concepção de literatura de Capistrano e de José de Alencar não diferia tanto, pois ambas partiam da realidade, do meio e da Natureza. Buscam-se os antecedentes naturais e raciais para explicar o Homem partindo da narrativa literária, assim como se parte da Natureza e das raças para narrar um tempo em literatura, mais especificamente o tempo da mistura, "dos influxos da civilização". A diferença estaria no processo de escrita, ou melhor, no "lugar de produção da narrativa" (Ramos, 2012, p. 122).

Ambos, crítico e literato, teriam o ofício de historiadores (cf. Peloggio, 2004). Por diferentes modos, a preocupação estava em projetar um passado para o Brasil e lançar as bases no presente para o progresso do futuro. No entanto, para o crítico pertencente à Academia Francesa do Ceará há uma relação mecânica entre literatura e sociedade, por conta da análise cientificista das causas e das determinações destas na literatura.

Em contraparte, os estudos realizados por Alencar sobre a realidade fluminense, sobre a Natureza de cada região do Brasil e sobre as "raças" que constituíam o "povo" brasileiro participavam da obra como matéria de refinamento do belo artístico. O meio é matéria do romance como constituinte do próprio "povo" que compõe a narrativa de um tempo e também de um espaço.

> Alencar não dissecava a natureza como os naturalistas faziam, porque a escrita deveria ser fiel. Fidelidade, no seu entender, era o contrário da análise que divide o todo para depois recompô-lo. Para reproduzir a beleza do mundo natural, o texto deveria fazer-se belo. [...] O poder do romance diante da natureza estava em ser cultura. Cultura de reverência à natureza tratada como fonte do belo. (Ramos, 2012, p. 124)

Em "Senhora: perfil de mulher", Rocha Lima analisa a obra de José de Alencar por meio do trato psicológico dado às personagens. Em sua crítica há uma junção da perspectiva estética com a perspectiva científica, incluindo uma reflexão sobre a psicologia a partir da metafísica e do cientificismo.

Para Rocha Lima, as análises psicológicas contidas nos romances e na filosofia sofreram uma evolução no momento em que se aliaram aos fatores orgânicos e climáticos, deixando de ser apriorísticas e passando a ser um dado mensurável pelos fatores externos à mente. Como arautos desse progresso científico, estariam Mill, Spencer, Bain e Darwin:

> Este método improfícuo, fazendo o observador girar em constante círculo vicioso, gerou o desânimo no espírito dos indagadores; a filosofia, mistificada por um ecletismo deslumbrante e ôco, tornou-se uma retórica dogmática e arrogante, tendo como resultado a subordinação arbitrária da ciência a uma moral subjetiva e aérea, sem apoio na revelação nem nas leis científicas. [...] O movimento científico, operado com tanto assombro, inundou de abundante luz os penetrais da alma humana. A literatura também banhou-se nas ondas desta luz. (Lima, 1968, p. 202)

Em seu entendimento, a psicologia humana não está desligada da Natureza, e, por essa razão, Rocha Lima estabelece um paralelo entre a psicologia desenvolvida nos países do Norte e a desenvolvida no Brasil.

> Em face de uma natureza despida de atrativos, ingrata e inflexível, o espírito tem necessidade de concentrar-se nas sombras da consciência para fugir ao rigor e inclemência do clima.
> Desta imersão nasce uma preocupação incessante dos problemas psicológicos, metafísicos e religiosos.
> É o que acontece nos países do Norte.
> [...]
> Nessas condições, a análise psíquica é, além de uma aptidão adquirida, uma necessidade da inteligência e uma fatalidade da natureza. No Brasil, porém, esta concentração subjetiva é incompatível com as provocações incessantes do mundo externo.

> A natureza já imprimiu nos espíritos o cunho da objetividade, e a celebração, ainda a mais vigorosa, é importante para reagir contra a tirania das forças físicas.

Nessas linhas permanece a ideia presente também em Capistrano de Abreu de que a Natureza é tirânica e opressora, tanto no clima do Norte quanto no clima tropical. A pungência do meio tropical não abriria espaço para o subjetivismo, mas sim para as ações e reações do Homem em relação à Natureza.

Diante disso, a literatura brasileira, para não recorrer à postura metafísica, religiosa e subjetivista da psicologia nortista, deveria estar aliada aos avanços científicos, naturalistas e fisiológicos.

> O artista, trabalhando por tal meio, não se pode eximir à influência da coletividade.
> Toda vez que o autor de *Senhora* tenta contrariar esta tendência, desnatura seu talento, reproduzindo aberrações psicológicas, filhas de uma fantasia que, como a borboleta, só pode sugar o mel das flores. (Lima, 1968, p. 212)

Sob essa perspectiva, Rocha Lima (1968, p. 210-211) critica a produção alencarina quanto ao sentimentalismo nas personagens e ao tratamento dado à Natureza.

> Desde sua estréia literária, o Sr. J. de Alencar revelou esta feição em suas obras.
> O selvagem indômito de nossas florestas aparece, nos quadros desenhados por seu pincel, com o corpo tingido pelo sangue de escarniçados prélios, porém com a fonte orvalhada pelo amor, com o coração palpitante de sentimentos de honra e lealdade, de família e dedicação.
> Se esta é sua tendência como psicólogo, como pintor ainda ela torna-se mais evidente.

> Do cenário da natureza só se refletem em seu espírito nuvens de gaze, o azul diáfano das esferas, a transparência de noites serenas, as cascatas a saltitar de pedra em pedra, o rio a embeber-se mansamente na planície risonha. [...]
> Este modo de ser sensorial concilia-se plenamente com o meio em que se expande a inspiração do autor.

Apesar de *Senhora* ser considerada um progresso nas letras, devido à "mudança nas condições" presente na obra, em que "(...) o tálamo deixou de ser o túmulo do romance, e a mulher provocou a observação mesmo no templo conjugal, como no santuário da virgindade", Rocha Lima (1968, p. 206) mostra uma dúvida a respeito desse progresso, pois mesmo sendo uma novidade nas letras, *Senhora* seria mais um perfil feminino na produção alencarina.

Ao estabelecer essa relação paradoxal entre a novidade da obra e a sua repetição, Rocha Lima (1968, p. 205-206) analisa a dúvida mediante a divisão do processo de criação artística feita por Taine.

> A crítica verificou um fato que, por sua invariabilidade, elevou Taine à altura de lei: é a divisão da vida do artista em dois períodos – o da criação e o da imitação.
> No primeiro, a realidade, tornando-se saliente por um de seus lados essenciais, e ferindo a sensação original do artista, transforma-se em uma idealidade harmônica em que a incoerência da natureza dissipa-se ao contato do cinzel mágico da inspiração. A realidade assim transformada constitui o ideal.
> No segundo, ou porque a natureza tenha perdido sua força de atração, ou porque a sensibilidade tenha se enfraquecido ao choque contínuo de impressões violentas, o artista cerra as pálpebras à luz da verdadeira inspiração para reproduzir, com

> frieza e desmaio, os tipos e cores de suas primeiras criações. [...] Teria o autor de *O guarani* entrado neste segundo período?

Ao deixar a resposta para a posteridade, pois a "interrogação é prematura e toda resposta neste momento parece aventurosa" (Lima, 1968, p. 206), Rocha Lima concebe *Senhora* como um refinamento da temática do amor diante da abordagem sobre o tema feito em *Diva* e *Lucíola*. O progresso, no entanto, estaria na figura de Fernando Seixas, que lhe aparece melhor desenhado que Aurélia.

> Os fatos, na vida de tais indivíduos, se encadeiam com tanta lógica, a ponto de quase perderem eles a responsabilidade de seus crimes.
>
> Aí se levanta uma grande dificuldade para o romancista que o Sr. J. de Alencar soube vencer com maior esmero e delicadeza; separar a base estável de um caráter de superfetações, trazidas pelas circunstâncias; é arriscada empresa no campo da observação.
>
> [...]
>
> Fernando é uma personalidade mui característica de nosso tempo; a influência do meio social, modelando-o à sua imagem, transparece bem eloquente no livro.
>
> Ao lado desse tipo, Aurélia só tem o sainete da extravagância, que muita vez ofusca o heroísmo de sua missão. (Lima, 1968, p. 216; p. 220)

Senhora avançaria, sobretudo, quanto à questão moralizante concentrada na personagem Fernando Seixas. De acordo com Rocha Lima (1968, p. 218), o entendimento dos processos de filiação dos fatos aos aspectos sociológicos e naturais tornou a influência teológica cada vez mais distante da literatura, tal como acontece em *Senhora*.

> Em lugar de preceitos morais, o autor narrou fatos; em lugar de Deus *ex machina*, realizando a harmonia preestabelecida de Leibniz, tirando ao indivíduo e à sociedade a lógica de suas transformações, J. de Alencar fez presidir ao desenvolvimento de um caráter individual a lei de filiação sociológica.
> Sem o castigo do céu, o livro moraliza, imolando o homem como vítima de si próprio e, fazendo ressaltar da pouca solidez de princípios morais e de uma educação venenosa e elegante as mais funestas consequências.

Ainda que a obra criticada tenha apresentado essas evoluções na análise psicológica, para Rocha Lima, José de Alencar é um exímio observador, muito mais do que um psicólogo. Sua percepção da maneira como o escritor aborda a realidade estaria de acordo com a que o próprio Alencar havia definido para a literatura no prefácio a *Sonhos d'ouro*.

> É que o Sr. J. de Alencar é um espírito capaz de observar a vida de uma sociedade, colher detalhes preciosos e fotografar com perícia uma criatura no convívio social.
> A alma humana, porém, segregada de convivência, acobertada no manto de seus mistérios, é uma região mui tenebrosa e estéril para seu talento. E ele mesmo o diz: 'o coração, e ainda o da mulher, que é todo ela, representa o caos do mundo moral. Ninguém sabe que maravilhas ou que monstros vão surgir desses limbos'.
> [...] Embora mais complexa a ciência da coletividade, a ciência mental exige maior delicadeza na observação e no emprego dos processos do método. De tudo isso deduz-se que José de Alencar é um romancista de costumes, sem ser um psicólogo. (Lima, 1968, p. 220-221)

A diferença entre "romancista de costumes" e "psicólogo" seria melhor entendida no paralelo que Rocha Lima fez entre Shakespeare e Balzac, em que aproxima José de Alencar do escritor de *Hamlet*; pois, em sua perspectiva, seria Balzac um psicólogo e um anatomista, enquanto Shakespeare, um artista capaz de dar paixão e vida às personagens.

> O autor de Cinco Minutos, além de mais propenso para a inspiração shakespeariana, possui uma sensação original mui simpática e dedicada, que o inibe de penetrar na alma humana, onde, ao lado da inocência e da virtude, o observador esbarra a cada passo com o Asfaltite do vício, exaltando os vapores mortíferos do crime.
> Com esta explicação, justificam-se suas observações psicológicas. (Lima, 1968, p. 224)

Embora fizesse "observações psicológicas", não seria possível, a seu ver, que José de Alencar fosse um psicólogo analítico, pois o autor de *O guarani* não é atraído pelo grotesco, pelo monstruoso, pela crueza e pela objetividade da Natureza. No seu retrato da realidade, a matéria de seu romance, mesmo com uma propensão historiográfica, seria o belo, o alegre, o agradável, o redentor.

Em sua crítica desenha-se uma exigência estética quanto ao que a literatura deveria de fato retratar, pois, tal como Fernando Seixas, as personagens deveriam estar ligadas à realidade de maneira causal para que suas atitudes e mudanças durante o enredo não parecessem etéreas.

Diante disso, não percebemos essa exigência como uma oposição entre o factual e o fabuloso. Há na crítica de Rocha Lima um reconhecimento do gênio artístico, uma perspectiva de que a realidade deveria atingir, utilizando a expressão tainiana, a "sensação original" do gênio. No entanto, a exigência maior estaria na formação do gênio, pois este deveria encontrar-se sensível à realidade e não sensibilizado por esta, ao ponto de sublimar as deformações e monstruosidades da humanidade subjugada ao meio. Em sua visão, a idealidade não é considerada como própria da estética romântica, mas, em uma obra literária, está vinculada à expressão da realidade de maneira lógica, ou seja, com os devidos encadeamentos de causas e efeitos entre a realidade ficcional e as atitudes de cada personagem no decorrer da narrativa, de modo que esta lógica inquebrantável dentro da ficção deveria corresponder à validade dos fatos sociais atestáveis na realidade.

As diversas concepções de literatura assim esmiuçadas mostram a possibilidade de perceber que a literatura, ao lado das ciências, também é uma forma discursiva de conhecer o Homem e a sociedade. As narrativas convergem para o mesmo objetivo: formular uma história nacional, uma identidade, uma cultura, partindo de bases diferentes de representação da realidade.

Referências

ABREU, João Capistrano de. *Ensaios e estudos*: crítica e história. 1ª série. Rio de Janeiro: Civilização Brasileira; Brasília: INL, 1975.

______. "A literatura brasileira contemporânea". In: ______. *Ensaios e estudos*: crítica e história. 1ª série. Rio de Janeiro: Civilização Brasileira; Brasília: INL, 1975.

ALENCAR, José de. "Bênção paterna". In: ______. *Sonhos d'ouro*. Rio de Janeiro: José Aguilar, 1959.

ALONSO, Ângela. *Ideias em movimento*: a geração 1870 na crise do Brasil-Império. São Paulo: Paz e Terra; Anpocs, 2002.

AZEVEDO, Sânzio de. *A Academia Francesa do Ceará*. Fortaleza: Imprensa Universitária, 1971.

CANDIDO, Antonio. *Formação da literatura brasileira*: momentos decisivos. 6. ed. Belo Horizonte: Itatiaia, 2000.

LIMA, Raimundo Antonio da Rocha. "Senhora: perfil de mulher". In: ______. *Crítica e literatura*. Fortaleza: Imprensa Universitária do Ceará, 1968.

MELLO, Cláudio José de Almeida. O papel da crítica na formação da estética literária brasileira do século XIX (*on-line*). *Revista Cultural Fonte*, Londrina-PR, v. 1, n. 1, 1999. Disponível em: <http://www.unopar.br/portugues/revfonte/artigos/12literaria/12literaria.html>. Acesso em: 15 maio 2015.

MONTESQUIEU, Charles-Louis de Secondat, Barão de. *O espírito das leis*. São Paulo: Martins Fontes, 1996.

PELOGGIO, Marcelo Almeida. José de Alencar: um historiador à sua maneira. *Revista Alea*, v. 6, n. 1, jan./jun. 2004.

RAMOS, Francisco Régis Lopes. *O fato e a fábula*: o Ceará na escrita da história. Fortaleza: Expressão Gráfica, 2012.

TAINE, Hippolyte Adolph. "Introdução à história da literatura inglesa". In: SOUZA, Roberto Acízelo de. *Uma ideia moderna de literatura*: textos seminais para os estudos literários (1688-1922). Chapecó, SC: Argos, 2011.

O princípio por meio do fim: o ingênuo e o sentimental em José de Alencar

Rodrigo Vieira Ávila de Agrela[1]

O MUNDO NOS ENVOLVE

O mundo nos envolve; tarde ou antes,
Na compra e venda esvai-se nosso bem;
Pouco de nossa a Natureza tem;
Jogamos a alma fora, vis mercantes!
Os mares, que ao luar se expõem galantes,
O uivante vento, que ora está, porém,
Encolhido qual flor dormente além...
Disso, de tudo, estamos dissonantes;
Nada nos move. – Oh Deus! Antes fosse eu
Algum pagão em gasta fé nutrido!
Assim, num doce prado, qual ateu
Jamais me sentiria tão perdido:
Iria ver no mar surgir Proteu,
E ouvir Tritão no búzio retorcido.

William Wordsworth

Os romances indianistas *Ubirajara*, *Iracema* e *O guarani* de José de Alencar revelam, cada um à sua maneira, o passado mítico e histórico brasileiro. Juntos constituem o painel de um Brasil primitivo e colonizado. Alencar elegeu o índio não como representante da nossa nação, mas símbolo da idade de

1. Doutorando do Programa em Pós-Graduação em Letras: Estudos Literários, da Universidade Federal de Minas Gerais (UFMG).

ouro brasileira. Para isso utilizou os mais variados elementos: estudou fundamentalmente a língua e os costumes dos selvagens americanos, o que lhe obrigou a entrar na poesia americana. Como afirma Machado de Assis (*in* Alencar, 1951, v. VIII, p. 17): "entendia ele, e entendia bem, que a poesia americana não estava completamente achada; que era preciso prevenir-se contra um anacronismo moral, que consiste em dar ideias modernas e civilizadas aos filhos incultos da floresta".

Valendo-se de um argumento histórico, Alencar foi um historiador à sua maneira – "um perscrutador de nosso passado" (Casasanta *in* Alencar, 1951, v. XIII, p. 14)– e, ao mesmo tempo, inventor de uma adorável mitologia, o que pode ser visto também em *As minas de prata*.

Nos romances indianistas, a intensidade do contato entre o índio e o branco civilizado dá forma ao mundo romântico alencarino. Ou melhor, quanto mais Alencar recua no tempo, mais percebe-se que a esfera de totalidade é mais armada; quanto mais avança, mais o caráter histórico domina e o mundo mítico fragmenta-se. *O guarani* foi o primeiro desses romances a ser publicado, logo em seguida, *Iracema* e, por fim, *Ubirajara*. Desvinculando-se de um critério cronológico, a proposta alencarina fica bem compreendida se elegermos *Ubirajara* como o romance iniciador, seguido por *Iracema* e *O guarani*. À medida que o caráter civilizador aparece na narrativa, Alencar afasta-se do mundo edênico dos romances. Contudo, sua linguagem fortemente poética arquiteta a atmosfera natural, possibilitando que os opostos possam equilibrar-se harmonicamente dentro da narrativa.

Na seção intitulada "Fábula", da epopeia inacabada *Os filhos de Tupã* (1863), Alencar criou toda uma mitologia indígena: desde a criação da Terra por Tupã, passando pela lenda do Tamandaré, até o prenúncio do branco civilizador e da "Cruz". Como percebeu que o verso não suportaria a linguagem e os temas indígenas, o autor de *Diva* recorreu ao romance, diluindo os grandes temas d'*Os filhos de Tupã*. Ainda na epopeia alencarina, há a influência da épica e do Gênesis, da Bíblia, como afirma José Aderaldo Castello (*in* Alencar, 1979, p. 209) no texto "*Iracema* e o indianismo de Alencar":

> Do plano monumental de *Os filhos de Tupã*, que, diga-se de passagem, não corresponde aos dois primeiros cantos e aos fragmentos subsequentes que nos chegaram, ele se satisfaz com a medida justa dos três romances indianistas, ampliados pela ficção histórica. O que é criação predominantemente indianista deriva em linha reta da concepção do poema malogrado, e nesse caso as principais fontes literárias são aquelas indicadas – a *Bíblia* e a poesia épica, com Homero – não obstante as sugestões do romance histórico do Romantismo, cujos modelos lhe foram dados por Walter Scott e Alexandre Herculano.

Para Alencar, os fatos anteriores ao descobrimento não pertenciam à nossa história, mas não deveriam ser colocados de lado, já que encerram, nas suas palavras, o "arcabouço da pátria", e sim deveriam ser resgatados por meio da mitologia.[2]

Estreada com a descoberta do território, deixa a história do povo brasileiro aquém de um mundo antigo que lhe escapa.

2. A distinção entre história e mitologia pode ser encontrada em "Bênção paterna", o prefácio de *Sonhos d'ouro* (1872), no qual o autor cearense aponta três fases na história da literatura brasileira: a primitiva ou aborígene, a histórica e a atual, que chamou de "infância de nossa literatura". Valoriza a idade mitológica porque ela conserva as "tradições que embalaram a infância do povo" (Alencar, 1951d, p. 34).

Sem dúvida a terra selvagem, que jazeu até 1500 no desconhecido, não era o Brasil, o atual império; mas o embrião dele, *o arcabouço da pátria*, certo que foi.

> Não penetra a história naquelas eras esquecidas, das quais se houve, já não restam documentos; evite porém rejeitá-las absolutamente por somemos e fúteis. *A mitologia é a história desvanecida confusa pela grande longitude.* O povo que não a possui é como enjeitado, órfão de tradições e privado de família. Deve pois a história do Brasil ser precedida de uma introdução, onde se colija com a precisa clareza quanto existe a respeito das antiguidades brasileiras. (Alencar, 2010, p. 25, grifos nossos)

As ações de *Ubirajara* realizam-se em uma idade não datada e primitiva. Seria, assim, um romance que constitui parte desse arcabouço pátrio que Alencar afirma. Não há elemento civilizador, e os índios vivem em inteira harmonia com a sua ordem e tradição. Esse é um romance que ilustraria uma espécie de teogonia indígena, mostrando a relação imperturbável entre homem e natureza.

Ubirajara conta as aventuras de Jaguarê, pai da nação araguaia, que busca um inimigo forte para derrotar e, consequentemente, poder receber um nome de guerra. Encontrando Araci, a virgem formosa, ele pede para que a índia vá até a tribo dos tocantins e traga o maior guerreiro para que ele possa enfrentá-lo. Pojucã aceita o desafio de Jaguarê. Ambos se enfrentam, e é o índio araguaia que vence o duelo, ganhando, portanto, o nome de Ubirajara, senhor da lança. Pela tradição indígena, o chefe da nação tem direito de desposar a virgem mais bela da tribo, mas Ubirajara não deseja mais Jandira, nomeando-a noiva do túmulo de Pojucã.[3] Nesse momento, o índio parte para nova empreitada: lutar pelo direito de desposar Araci. Para isso vai à tribo tocantim. Vencido o combate nupcial, o índio revela sua identidade aos tocantins; ainda assim, Ubirajara se vê em um impasse: escolher entre a esposa Jandira e a beleza de Araci. O desfecho da narrativa compõe uma solução inusitada para o padrão romântico e comum para a cultura indígena: as duas índias decidem se unir ao guerreiro ao mesmo tempo, formando um triângulo amoroso responsável pelo nascimento de uma nova nação: a poderosa ubirajara.

Nesse romance, a ausência do branco, elemento perturbador, faz toda a diferença. Alencar, não consumando o encontro entre as duas raças, torna possível contar a história dos índios primitivos no melhor estilo épico. A preocupação do gentio alencarino no romance em questão é com a nobreza do seu nome e da sua nação.

> – Não, filha do sol; Jaguarê não deixou a taba de seus pais onde Jandira lhe guarda o seio de esposa, para ser escravo da virgem. Ele vem combater e ganhar um nome de guerra que encha de orgulho a sua nação. Torna à taba dos tocantins e diz aos cem guerreiros cativos de teu amor, que Jaguarê, o mais destemido dos caçadores araguaias, os desafia ao combate. (Alencar, 1951b, p. 217)

3. Sobre essa tradição indígena, diz Alencar (1951e, p. 356): "Mais uma prova de caráter generoso e bizarro do selvagem brasileiro. Longe de torturarem seu prisioneiro, ao contrário se esforçavam em alegrar-lhe os últimos dias pelo amor; davam-lhe uma esposa; e tão grande honra era esta que o vencedor a reservava para sua filha ou irmã virgem; e se não a tinha, para a filha de algum dos principais da taba".

Alencar, em uma das suas notas, afirma que as nações tupis não viviam em guerra constante. Quando aparecia alguma causa de rompimento entre elas, a guerra era anunciada ao inimigo pelo lançamento de uma flecha à taba ou pelo ato de levar um guerreiro para o desafio. Para o cearense, isso "É uma prova do caráter leal dos selvagens. Foi depois da colonização que os portugueses, assaltando-os como as feras e caçando-os a dente de cão, ensinaram-lhes a traição que eles não conheciam" (Alencar, 1951e, p. 339), o que os aproxima, portanto, dos valores de um verdadeiro herói épico. O índio alencarino, assim como o homem homérico, respeita o espaço em que vive, possibilitando que a narrativa flua de uma maneira verossímil.[4]

4. Esse modo de delinear um perfil épico do índio foi um método que contribuiu também para o projeto de construção da literatura nacional. Essa posição é contrária à de Joaquim Nabuco na polêmica travada com Alencar. Ele afirma que "Os índios em *Iracema,* em *Ubirajara* e n'*O guarani,* não são verdadeiros selvagens. A humanidade para chegar do estado em que ainda hoje acham-se os nossos selvagens do interior, ao de nossa civilização moderna atravessou milhares de anos. O Sr. J. de Alencar suprime esse longo período, e faz do seu selvagem um homem, muitas vezes superior ao de nossa raça. Os seus índios pensam e sentem, como nós, e falam melhor, como se fossem todos poetas. Onde existe essa raça? Que selvagens são esses que têm uma delicadeza de sentimentos de homens educados no respeito ao 'ponto de honra'? Peri, por exemplo, que veio das florestas é superior a todos os que habitam na sesmaria do Paquequer; é o sentimento puro, a imaginação viva, a dedicação cega, e pelo espírito, pelo coração e pelo caráter domina toda a pequena colônia. É certo que ele envenena sem escrúpulo, mas a sua delicadeza, afora esse detalhe insignificante, é sempre grande. [...] Em *Iracema,* ainda a Virgem de Tupã entrega-se a Martim quando este dormia profundamente, embriagado pelos vinhos sagrados, e para seguir o amante ou esposo (essas ideias sobre casamento entre os selvagens, ainda não estão fixadas), provoca a ruína de sua tribo. Em *Ubirajara* também o amor é que move tudo; dir-se-ia que o amor era a alma do selvagem, que ele tudo sacrificava a esse sentimento, que aliás era muitas vezes, entre elas, de um platonismo apurado" (Coutinho, 1965, p. 189). A crítica de Nabuco parece ser descolada da proposta romântica brasileira, já que critica a ideia de que a fundação da literatura brasileira dependesse da exploração da cultura dos selvagens. O autor parafraseia

Como José Aderaldo Castello (*in* Alencar, 1979, p. 213) afirma, durante todo o romance, *Ubirajara* é uma sugestão dos espaços primitivos e grandiosos da terra que mais tarde será conquistada.

> Os componentes da paisagem física equilibram-se com a reserva de energias inesgotáveis do homem que avulta titânico e invencível, banhado pelo sol e alimentado pela caça, abatido pelo braço forte, capaz de esmorecer o jaguar. Mas nada se acumula ou se empasta nesse painel formado por elementos e seres primitivos de imponente beleza épica, cujo traço de brutalidade é apagado por gestos leais de tradições guerreiras e pelo toque lírico da mulher escolhida.

Os elementos da paisagem não sobram, enriquecem-na. Essa não é só uma característica presente em *Ubirajara*, mas também em *Iracema* e *O guarani*. No romance da virgem dos lábios de mel, há uma justaposição entre a heroína e os elementos naturais. Nada remanesce. Se há um exagero, dele nasce a condição panteísta do livro. Para Cavalcanti Proença (*in* Alencar, 1979, p. 217), *Iracema* é uma narrativa duplamente representada: "os dramáticos amores de Martim e Iracema, com o permanente reflexo das cenas, replicado no espelho das comparações". Para o crítico, Alencar duplica as imagens, recorrendo aos símiles, às perífrases e a outros recursos: "Mal nos embevece Iracema, de longos cabelos negros, e no espelho percebemos, em primeiro plano, 'a asa da graúna', azulando de tão negra; respira de leve a heroína, e logo, do espelho, rescende o perfume da baunilha" (*Ibid.*).

trechos dos romances de Alencar, afirmando que faltou ao autor cearense verossimilhança e, assim, fidelidade nas imagens.

Iracema narra as aventuras da índia tabajara que vivia em um mundo livre, independente, sem nenhuma interferência, até então. Ela é, inclusive, a portadora do segredo da jurema – condição que exige sua virgindade – e o elo sagrado que aproxima os indígenas tabajaras do deus Tupã. Na narrativa, ela é exaltada com forte lirismo e com certa superioridade em relação aos elementos da natureza. Contudo, é o estrangeiro Martim o responsável por quebrar a harmonia da esfera mítica – há, com a sua chegada, uma espécie de profanação daquela esfera, que será consumada com o desposamento de Iracema.

No desenrolar do enredo, percebe-se que Iracema faz a escolha de seguir Martim, mesmo que tenha de deixar para trás a sua tribo. Quanto mais ela está distante da nação tabajara, com mais intensidade os elementos históricos penetram na narrativa – o embate entre os índios, as expedições de Martim e Poti, a fundação da mairi dos cristãos. Antes desse encontro, vê-se uma atmosfera idílica e homogênea mostrando a integração entre a natureza e a personagem.

Iracema, então, seria um mediador entre os dois romances. De um lado, o mundo primitivo de *Ubirajara*; de outro, o mundo em progresso civilizador d'*O guarani*. Como o próprio Alencar afirma, "*Iracema* pertence a essa literatura primitiva, cheia de santidade e enlevo, para aqueles que veneram na terra da pátria a mãe fecunda – *alma mater*, e não enxergam nela apenas o chão onde pisam" (Alencar, 1951d, p. 34). É o livro que dá passagem para o segundo período – o histórico –, que "representa o consórcio do povo invasor com a terra americana, que dele recebia cultura, e lhe retribuía nos eflúvios de sua natureza virgem e nas reverberações de um solo esplêndido" (*Ibid.*).

Enquanto *Iracema* expõe, também, o choque de duas culturas totalmente diferentes, no qual uma possivelmente terá de ser suprimida pela outra, além de mostrar o estranhamento entre as raças, *O guarani* retrata um mundo onde há incessantemente um embate entre a natureza – e incluímos o índio como um de seus elementos – e o branco europeu, como afirma Cavalcanti Proença (1979, p. 213):

> no quadro da natureza selvagem e primitiva se projetam elementos novos, a saber, valores e ideais do invasor ainda preso aos remanescentes de uma tradição cavalheiresca. É o flagrante imaginário de duas culturas que se somam ou se fundem para uma civilização nova.

Nesse imaginário de duas culturas, nasce *O guarani*, que conta as incansáveis aventuras do herói Peri, personagem que, do começo ao fim da narrativa, está em trânsito e movimenta as pequenas tramas. Suas peripécias, basicamente, movem-se pela devoção a Ceci – filha de D. Antônio de Mariz, dono do "castelo medieval" – em meio à natureza quase intocada. O livro termina com uma grande hecatombe – a lenda do dilúvio do Tamandaré referida n'*Os filhos de Tupã* –, que dizima todos os habitantes daquele mundo secular, exceto o casal Peri e Ceci. Para Cavalcanti Proença (1979, p. 213), "Alencar compõe uma das mais belas alegorias da nossa literatura, com impregnações míticas e lendárias do repovoamento da Terra, reelaborando literariamente a versão indígena do dilúvio universal".

O combate à máquina do progresso: a natureza como estrilo literário

O texto "José de Alencar, esse desconhecido", de Alceu Amoroso Lima, desconstrói algumas noções consolidadas pela crítica que estereotiparam José de Alencar, isto é, os romances indianistas foram importantes para a criação de uma literatura nacional, mas a contribuição dessas obras não se encerra aí. É justamente desse forte sentimento nacional que, na sua vasta obra, é possível visualizar um Alencar próximo de noções mais universais. Segundo Amoroso Lima (1965, p. 35-72):

> [...] Alencar teve sempre uma concepção integral, natural e sobrenatural da existência, e pousou no concreto, no nacional, no local, com a consciência clara de fazer uma obra cíclica, que abrangesse todos os matizes da vida individual e coletiva, nacional e cósmica. Pois essa visão cósmica do universo é que está latente em toda a obra de Alencar, como consequência de seu espiritualismo filosófico. Esse espiritualismo foi totalmente incompreendido pela crítica do século XIX, até mesmo por aquele que mais a fundo e com maior simpatia o estudou – Araripe Júnior.

Lima nos lança, portanto, a chave de leitura para um setor inusitado da obra alencarina, pois o autor de *Lucíola* teve profunda consciência cósmica. Nos seus romances indianistas e, logo, em toda a sua obra, Alencar dispõe os elementos, por mais díspares que sejam, dentro de uma ordem, cuja função de cada um deles é bem delimitada.

Conhecido pela marca da exaltação da natureza e do índio, sendo até qualificado como exagerado, Alencar, na verdade, construiu uma natureza cheia de vida. Por isso, é possível afirmar que desse nacionalismo cheio de cor pode-se extrair uma ordem panteísta bem estabelecida.

O nosso passado nacional também ilustra um processo de colonização no qual a natureza é concebida, quase exclusivamente, como fonte de lucros – basta citar a economia extrativista. Portanto, o passado brasileiro mostra que o homem, civilizador e explorador, usa a natureza apenas como matéria-prima, não a respeitando. À luz da doutrina panteísta, a natureza e o homem estão desligados um do outro e não há uma compreensão deste em perceber que na verdade ele também faz parte da natureza.

Alencar foi um homem atento às transformações do mundo e do Brasil. No poema "Os filhos de Tupã", condenou o progresso, já que, segundo ele, não traria nada de substancial, a não ser a degradação.

> Mas olha!... Já bulcão de espesso fumo,
> Que a turba delirante arrasta ao vórtice
> Da ambição, lá negreja no horizonte.
> O cavalo a vapor bufando espuma,
> Campeia, escarva o chão, relincha e parte,
> Traga a terra, sorvendo o espaço e foge;
> Das áridas estepes vem do Cáucaso
> Pastar nos Andes a virente grama.
> Seu hálito abrasado já te escalda,
> De longe embora, a fronte. Em breve tempo
> Aqui virá pisar com férrea pata
> As flores mais mimosas de teus vales
> E a túnica de relvas que te cobre.
> Cavalga a fera o gênio do progresso,
> Espírito de luz; são chama as asas,
> Tem do corisco voo; o rastro é cinza.
> E deve profanar-te, gentil pátria,
> A graça virginal destas campinas,
> Culto bastardo de emprestadas artes? (Alencar, 1960, p. 565)

No poema, Alencar revela "a consciência de defender o Brasil autêntico e marcado pela natureza e pela simplicidade rústica contra a invasão violenta do progresso, que naquele meado de século se apresentava com *arrogância e imediatismo*" (Lima *in* Alencar, 1965, p. 49). Ele não condenava as ideias progressistas em si, mas a maneira como elas estavam se instalando no país, como afirma Peloggio (2007):

> Mas precisa-se de cautela para não se dilatar uma tal perspectiva: pois ingênua seria a posição que qualificasse José de Alencar como inimigo das inovações técnicas. E porque representam perigo imediato àquilo que lhe é mais caro – a natureza tropical, carro-chefe de sua poesia –, não implica dizer que não sejam importantes; todavia, a intuição alencarina da realidade extrairá o preceito valioso para o equilíbrio nas decisões práticas.

Alencar considera a palavra progresso "oca e sem sentido", criticando a definição de que é a faculdade que tem o homem de se aperfeiçoar. Diante disso, não aceita essa proposição, já que o progresso é capaz de levar o homem a uma perfeição, então, em algum momento, ele chegaria à perfectibilidade; porém, Alencar considera Deus a perfeição e, por isso, o homem nunca seria capaz de divinizar-se. Enfim, o autor cearense não compartilha a ideia do progresso como faculdade que leva à completude.

Até como forma de combate à máquina do progresso, capaz de destruir a natureza – esta vista como apoio da originalidade do novo mundo e da nova pátria –, vê-se realizado nos seus romances um "protesto literário":

> *Iracema* ia então surgir como um protesto e mais ainda como uma advertência. Não era um *não ao progresso*, mas uma negativa enfática à *descaracterização*. O Brasil que ele entendia como

pátria autônoma era marcado pela *natureza*, não pela *máquina*. Em face do *deserto* é que o jovem poeta *dobra o joelho*. Não em face do *progresso*. Aceita a este, desde que não desfigure àquele, e as *asas de fogo* das locomotivas não deixem atrás de si um rastro de *cinzas*. Enquanto o povo vibrava, na década de 1850, com o lançamento dos primeiros trilhos e a movimentação dos primeiros trens de ferro, o jovem poeta idealiza e realiza o poema imortal em que a 'virgem dos lábios de mel' ia ser o símbolo da pátria, autêntica, da pátria intocada e ameaçada pelo cosmopolitismo da mecanização. (Lima, 1965, p. 58-59)

Seu estrilo será conjurado em uma forte ligação entre homem e natureza. O autor desejou que o país fosse uma civilização com características próprias, respeitando a soberania da natureza.

Se tua irmã do sol é róseo berço,
Tu és do rei da luz a jovem noiva;
Trajarás do progresso o manto esplêndido.
Hão de sangrar-te entre as nações rainha,
Mas sem prostituir ao velho mundo
Teu brio nacional, pudor da pátria.
Serás grande, Brasil, em ti eu creio,
Como creio no Deus que me ilumina! (Alencar, 1960, p. 566)

Nos manuscritos autógrafos *Antiguidade da América* e *A raça primogênita*, José de Alencar revela o problema do gênero humano a partir da sua preocupação com o surgimento do homem. Os textos permaneceram na obscuridade pela crítica especializada até os anos 1960, sendo usados como objeto de estudo só em 1965 por Alceu Amoroso Lima e, em 2010, publicados integralmente. Esses manuscritos foram um dos últimos textos escritos por José de Alencar antes da sua morte e revelam um pensamento antropológico, filosófico e religioso que está diluído em toda a obra do criador de *O sertanejo*.

Lá encontramos a posição alencarina em relação ao progresso um pouco diferente de *Os filhos de Tupã*, mas o mesmo cuidado ecológico presente na epopeia inacabada, nos romances indianistas e em outros como *Diva* e *Sonhos d'ouro*. O mundo está em decomposição e sufocado pelo *wagon*.[5] Para ele existe o progresso material e o progresso moral:

> O progresso material, para o qual reservamos o nome da civilização, é alternativo, e semelhante ao movimento de rotação. O progresso moral, a perfeição da criatura inteligente, esse é contínuo e ascendente – começado na Terra só deve terminar no seio do Criador. Quem sabe se como o homem se aproxima da divindade também a Terra na sua elipse não se avizinha do Sol, eixo em torno do qual gravita? (Alencar, 2010, p. 35)

Por isso, divide a história das civilizações em diversos períodos cíclicos: o mundo antigo foi constituído de grandes nações e cidades suntuosas que desapareceram da Terra, concluindo que as nações de seu tempo não superaram a magnificência das civilizações extintas.

> Em uma palavra, o homem físico do século XIX está muito longe ainda do egípcio ou do assírio. Extraia embora da natureza as forças que ela já lhe não inocula espontaneamente; supra com

5. Do inglês, significa vagão. O termo é utilizado por José de Alencar (1994, p. 158) na "Carta primeira" das *Cartas sobre A confederação dos tamoios* (1994). O autor de *O sertanejo* diz: "[...] o *wagon* do progresso fumega e vai precipitar-se sobre essa teia imensa de trilhos de ferro que em pouco cortarão as tuas florestas virgens, os turbilhões de fumaça e de vapor começam a enovelar-se, e breve obscurecerão a limpidez dessa atmosfera diáfana e pura".

> o motor artificial o impulso que antigamente tinha o braço animal; não há negar a inferioridade. (Alencar, 2010, p. 34)

Por outro lado, enfatiza uma superioridade moral desse século:

> [...] não sofre contestação. A pessoa, ou individualidade civil, comprimida antigamente e sufocada pela forte concentração da raça, já se expande livre, embora não atinja ainda a sua plenitude. Foi na cidade eterna que essa instituição, verdadeira realeza do homem, primeiro despontou faz vinte séculos, e nesse período a perfectibilidade parece ter avançado mais do que nos quatro mil anos decorridos desde a criação do mundo até a fundação de Roma. (Alencar, 2010, p. 35)

Natureza e cultura: o ingênuo e o sentimental em José de Alencar

Sonhos d'ouro conta a história de Ricardo e Guida. Ele, um jovem bacharel de condição financeira precária e caráter nobre, veio de São Paulo para trabalhar e obter recursos necessários para assegurar o bem-estar da família – precisava conseguir a quantia de vinte contos de réis para saldar a hipoteca da chácara na qual moravam seus familiares. Guida é uma linda moça, educada e rica, tendo seus desejos e caprichos realizados quase imediatamente, por ser filha de um milionário banqueiro e cobiçada por muitos pretendentes. A narrativa se inicia com um passeio na floresta da Tijuca, no "sol ardente de fevereiro", quando os personagens se encontram. Ainda na abertura, o leitor é apresentado às belezas naturais do Rio de Janeiro, palco principal da trama. Em alguns capítulos, há a presença de um cenário mais urbano com alguns acontecimentos; do capítulo

XXIII em diante, surge o casarão da Praia de Botafogo, onde ocorre o trânsito da alta sociedade fluminense.

Nesse livro, Alencar articula natureza e cultura, delineando uma interação dos personagens em ambos os espaços. Contudo, a sociedade é representada com forte influência do caráter estrangeiro, que segundo Alencar (1951d, p. 36) seria a "fisionomia da sociedade fluminense (...) com atavios parisienses". Já a natureza será descrita no conhecido estilo alencarino, com muita cor e beleza, representando o espaço de refúgio e de tranquilidade para o homem.

No primeiro capítulo, o autor apresenta Ricardo em meio às serranias da Tijuca, contemplando a natureza e procurando imagens que despertassem a poesia de seu coração. Dentro desse cenário, o personagem encontra uma "pequena flor silvestre" que lhe acarreta uma série de reflexões bem ao estilo de *Os sofrimentos do jovem Werther* (1774), de Goethe, e d'*Os devaneios do caminhante solitário* (1782), de Rousseau. Critica a ciência em detrimento das Letras e a sociedade da época, procurando valorizar os pequenos detalhes da natureza. Para Ricardo, o dinheiro era o soberano do mundo:

> – Ouro!... ouro!... És o rei do mundo, rei absoluto, autocrata de todas as grandezas da terra! Tu, sim, tu reinas e governas, sem lei, sem opinião, sem parlamento, sem ministros responsáveis!... não tens nenhum desses trambolhos que arrastam os soberanos constitucionais. (Alencar, 1951d, p. 44)

Os devaneios de Ricardo detêm-se na crítica da época. Segundo ele, essa crítica era movida não só pelo dinheiro, mas também pela "opinião pública", terminando por causar-lhe melancolia. O personagem lembra que a felicidade de sua família depende de vinte contos de réis, e seu amor por Bela, sua amada, estava diretamente ligado à conquista desse dinheiro – já que ela morava em São Paulo. Em meio a essas reflexões do personagem, a natureza surge como forma de refúgio daquele mundo moderno que lhe causa angústia. Ricardo elege a floresta da Tijuca como o lugar no qual ele pode depositar suas esperanças. Sonhos d'ouro, nome atribuído por Ricardo à flor que dá título ao romance, acaba sendo o símbolo de esperança pelo qual o bacharel se afeiçoa.

Em um dos passeios de Guida e sua comitiva com Ricardo, há um diálogo interessante a respeito da relação entre o homem e a natureza. Ricardo acredita que a natureza é capaz de levá-lo a um mundo inteiramente novo, o qual se contenta com o quadro dinâmico da natureza.

> – Dirá a senhora que é uma infantilidade cair assim um homem feito, um doutor, a sonhar com o sol alto e os passarinhos a cantar. Mas a isso respondo, que a natureza humana é esta mesma contradição. O menino tem 'homenices'... Não repare no termo; tenho um mau costume de inventar uma palavra quando não acho outra já feita para exprimir meu pensamento. Mas dizia eu que o menino tem suas 'homenices' que o tornam insuportável; portanto era preciso que o homem tivesse suas 'meninices', que o tornam ridículo. (Alencar, 1951d, p. 246-247)

Somente por meio dessa infantilidade é possível a Ricardo compreender os encantos da natureza em toda a sua essencialidade. É o que Octavio Paz (2013, p. 7) nos diz em *Os filhos do barro*. Para o crítico mexicano, esses instantes poéticos só são possíveis graças à instauração de outro tempo, não o *tempo da revolução* ou da *razão crítica*, mas o *tempo sem datas*, aquele que é anterior ao próprio tempo, o "que reaparece no olhar da criança". Do mesmo modo pensa Schiller (1991, p. 55), para quem a "infância é a única natureza intacta que ainda encontramos na humanidade cultivada; não espanta, por isso, que todo vestígio da natureza fora de nós leve-nos de volta a nossa infância". A cultura degenerou o homem a ponto de ele abandonar a natureza.

Poesia ingênua e sentimental, de Schiller, foi publicado inicialmente em artigos separados na revista chamada *Die Hören*, em 1795. Em seguida, Schiller resolveu publicá-los de forma conjunta. O livro foi lançado em um momento em que ainda se discutia no mundo intelectual da Europa a possibilidade de equiparação dos modernos aos feitos dos antigos. Tais debates foram chamados de "querela entre os antigos e modernos", que foi fundamental para a elaboração do seu ensaio. Apesar do conteúdo importante, o livro teve uma influência negligenciada na Alemanha. Nele encontramos uma caracterização da produção poética através do sentir, tentando criar uma compreensão de que há duas maneiras distintas de poetizar motivadas por formas de sentir específicas: a moderna e a antiga. De acordo com Schiller, a relação dos antigos com a natureza era completamente distinta da dos modernos. Essa distinção é o ponto de partida para o ensaio: os gregos têm como suporte na sua relação com a natureza o desejo pelo conhecimento; por outro lado, os modernos criaram um afastamento entre o homem e a natureza, o que despertou o sentimento da melancolia. Diante disso, nascem duas maneiras de o homem relacionar-se com a natureza: *ser* natureza ou *buscar* a natureza que foi perdida. Esses dois polos pertenceriam ao mundo dos sentidos e ao mundo das ideias, que correspondem, respectivamente, ao poeta ingênuo e ao poeta sentimental.

Para o autor, a poesia ingênua revela uma relação harmônica com o mundo natural. A relação espontânea com a natureza mostra que a obra desse poeta não é artificial. Pelo contrário, a poesia do ingênuo seria um presente da natureza, já que não era mérito do homem, mas sim da natureza – ela se utiliza do homem para dar vazão à sua poesia. A essa espontaneidade do poeta antigo se opõe o poeta sentimental, ou moderno. O poeta moderno produz uma poesia construída por meio da racionalidade, sendo a beleza apenas fruto do resultado da consciência e do trabalho que transformaram a natureza em *Ideia*. O poeta sentimental tem sua experiência por meio da ruptura entre o homem e a natureza. Ele não alcança mais a plenitude do natural.

> Quando se recorda a bela natureza que envolvia os gregos antigos; quando se reflete sobre quão intimamente esse povo podia viver com a natureza livre sob esse céu feliz; quão mais próximos estavam da natureza simples seu modo de representar, sua maneira de sentir, seus costumes, e que reprodução fiel dela são suas obras poéticas, é de estranhar a constatação de que nesse povo se encontrem tão poucos vestígios do interesse sentimental com que nós outros modernos podemos apegar-nos a cenas e caracteres naturais. [...] A natureza parece interessar mais seu entendimento e sua avidez de saber do que seu sentimento moral; não se apega a ela com afeição, com sentimentalismo, com doce melancolia, como nós outros modernos. Ao personificá-la e deificá-la em suas manifestações isoladas e ao expor seus efeitos como ações de seres livres, suprime nela a tranquila necessidade mediante a qual justamente é para nós tão atraente. (Schiller, 1991, p. 54-55)

Diante disso, é possível pensar o texto alencarino como fruto de uma experiência moderna, representando o homem moderno que teve sua relação com a natureza dissolvida devido ao processo civilizador. A cultura é a marca que sempre o fará lembrar do espontâneo e do natural perdidos, beneficiando a sua razão e consciência. O espontâneo deu espaço à reflexão, e é por meio dela que o homem moderno poderá acessar a natureza e transformá-la em *Ideia*. Schiller (1991, p. 53) afirma:

> Vemos, então, na natureza irracional apenas uma irmã mais feliz que permaneceu no lar materno, de onde, no excesso de nossa liberdade, precipitamo-nos no desconhecido. Com doloroso anseio, desejamos para lá voltar tão logo começamos a experimentar os tormentos da cultura e a ouvir, nos país longínquo da arte, a comovente voz materna. Enquanto meros filhos da natureza, fomos felizes e perfeitos; tornamo-nos livres, e perdemos as duas coisas. Surge daí uma dupla nostalgia, e bastante desigual, em relação à natureza: uma nostalgia de sua felicidade e uma nostalgia de sua perfeição. O homem sensível só lamenta a perda da primeira; apenas o homem moral pode entristecer-se pela perda da segunda.

A natureza desperta no homem o retorno à poesia, que, por sua vez, mostra a impossibilidade da volta aos tempos da plenitude e da felicidade, graças aos males da cultura. Na abertura de *Sonhos d'ouro*, Alencar, enquanto artista, realizou o caminho traçado por Schiller (1991, p. 56): "À medida que a natureza foi, pouco a pouco, desaparecendo da vida humana como experiência e como sujeito (agente e paciente), nós a vemos assomar no mundo poético como ideia e como objeto". Portanto, *Sonhos d'ouro* representaria com clareza o processo criativo que Alencar realizou na maioria dos seus romances:

o processo histórico de modernização afastou o homem da natureza, o que não permitiu mais o seu contato ativo e passivo com a natureza; restou a Alencar transformá-la em *Ideia*, ou melhor, como poeta sentimental, nos termos de Schiller, Alencar *buscará* a natureza, diferentemente do poeta ingênuo que é a própria natureza. Nas palavras de Ricardo:

> – Cuidei que essa poesia do sentimento, que faz conversar com uma estrela, beijar uma flor, adorar uma lembrança, já não se encontrava hoje em dia, a não ser nos romances. Se alguma vez se misturava com o prosaísmo desta nossa vida fluminense, era a moda de comédia de sala: para divertir as moças da moda, que chegaram aos dez anos e já não podem mais suportar as bonecas. Ora, desta última suposição, está claro que não se trata. A causa, portanto, é séria. (Alencar, 1951c, p. 245)

A partir do seu profundo envolvimento com o mundo natural, Alencar, por meio dos seus narradores, descreve e elogia a paisagem fluminense; ao mesmo tempo, critica fortemente a sociedade e sua cultura repressora e o progresso que a tudo destrói. Com isso, as suas narrativas fazem, na maioria das vezes, referências a um viés natural, produzindo imagens que contribuem para a criação de uma região com um poder de cura espiritual. No caso de *Sonhos d'ouro*, podemos perceber claramente a descrição de lugares do Rio de Janeiro que hoje são emblemáticos: a Tijuca, o Pão de Açúcar, o Corcovado, Copacabana, entre outros.

Com o objetivo de instituir imagens para a nação e com o combate ferrenho à máquina do progresso, Alencar dá forma a uma natureza cheia de beleza e vida. Daí que se torna necessário ressaltar que o ambiente natural em Alencar não é apenas uma mera paisagem em que os seus heróis e mocinhas transitam, vai muito além disso. Sua visão da natureza atravessada pela subjetividade romântica está claramente expressa numa busca de descrever e de representar, colocando em cena personagens que potencializam a experiência sensível ao entrarem em contato com o natural. Realizou, ao modo romântico, uma aproximação entre ciência e estética ao captar a natureza em uma visão totalizante e orgânica, procurando um conjunto, inaugurando uma concepção de paisagem e inventando uma nação, como Alencar (1994, p. 158) afirma nas *Cartas sobre A confederação dos tamoios*: "Se quisesse cantar a minha terra e as suas belezas pediria a Deus que me fizesse esquecer por um momento as minhas ideias de homem civilizado".

O autor de *Diva*, sempre preocupado em traçar um quadro da natureza brasileira e contestar afirmações de sua inferioridade, dá forma a um espaço harmônico em seus romances. Por essa preocupação constante em extrair do mundo físico brasileiro composições capazes de integrar um mundo totalizante, José de Alencar delineou nos seus romances uma clara forma panteísta, utilizando-se de recursos linguísticos como a metáfora e o símile.

Essa concepção de integração entre homem e natureza pode ser vista com nitidez nos romances indianistas, mas também nos romances urbanos, ou melhor, pode ser vista em todo o período orgânico da sua literatura: na primitiva, na histórica e "na infância de nossa literatura". Contudo, a representação dessa interação será mediada de formas diferentes. Como mostramos em *Sonhos d'ouro*, a natureza é lugar de refúgio e representa um contraponto à civilização.

No "período histórico", encontramos *O guarani* representando o consórcio entre a América primitiva e o branco civilizador. Nesse romance, a configuração da relação homem e natureza já se dá de outro modo. Sempre se atendo aos momentos históricos do passado brasileiro, Alencar produziu uma narrativa que aborda a construção do brasileiro a partir da estirpe lusa. Ainda que esse fato histórico irrevogável esteja presente, percebemos que o projeto alencarino de instituir a natureza brasileira de forma grandiosa está sempre em curso.

A organicidade em *O guarani*: a regeneração do natural

Em *Sonhos d'ouro*, a natureza e a cultura têm seus espaços melhor delineados. Para ter um contato maior com a natureza, os personagens precisavam ir à floresta da Tijuca, que ainda estava livre do processo de urbanização, permitindo o refúgio, a reflexão solitária e o recolhimento. Por outro lado, há a cidade com uma sociedade já embevecida por ideias progressistas, representando o lugar da rotina trivial e a corrida pela busca do dinheiro, encarando a natureza como fonte de lucros econômicos. Tais noções contribuíram para a dissociação entre o homem e a natureza, característica do mundo moderno, já que o ser humano, nesse momento do pensamento capitalista, coloca-se como mero explorador do natural e, portanto, como um ser que não compõe a natureza.

Em *O guarani*, a natureza aparece ora soberana, ora subordinada à civilização em formação. Ainda que as virgens matas do Brasil já tenham sido maculadas, há uma ordem dos elementos naturais em convívio com a cultura invasora.

O primeiro capítulo, intitulado "Cenário", mostra, em um primeiro instante, uma relação polarizada: de um lado, a Serra dos Órgãos e, do outro, o castelo medieval de D. Antônio de Mariz; mas, em um todo, complementam-se para a urdidura do enredo. Vamos ao início do primeiro capítulo:

> De um dos cabeços da Serra dos Órgãos desliza um fio d'água que se dirige para o norte, e engrossando com os mananciais, que recebe no seu curso de dez léguas, torna-se rio caudal.
>
> É o Paquequer: saltando de cascata em cascata, enroscando-se como uma serpente, vai depois se *espreguiçar* na várzea e embeber no Paraíba, que rola majestosamente em seu casto leito.
>
> Dir-se-ia que vassalo e tributário desse rei das águas, o pequeno rio, *altivo* e *sobranceiro* contra os rochedos, *curva-se humildemente* aos pés do suserano. Perde então a beleza selvática; suas ondas são calmas e serenas como as de um lago, e não se revoltam contra os barcos e as canoas que resvalam sobre elas: *escravo submisso*, sofre o látego do senhor.
>
> Não é neste lugar que ele deve ser visto; sim três ou quatro léguas acima de sua foz, onde é livre ainda, como o *filho indômito* desta pátria da liberdade.
>
> Aí, o Paquequer lança-se rápido sobre o seu leito, e atravessa as florestas como o tapir, espumando, deixando o pelo esparso pelas pontas de rochedo e enchendo a solidão com o estampido de sua carreira. De repente, falta-lhe o espaço, foge-lhe a terra; o soberbo rio recua um momento para concentrar as duas forças e precipita-se de um só arremesso, como o tigre sobre a presa. *Depois, fatigado do esforço supremo, se estende sobre a terra, e adormece numa linda bacia que a natureza formou, e onde o recebe como em um leito de noiva, sob as cortinas de trepadeiras e flores agrestes.*
>
> A vegetação nessas paragens ostentava outrora todo o seu luxo e vigor; florestas virgens se estendiam ao longo das margens do

rio, que corria no meio das arcarias de verdura e dos capiteis formados pelos leques das palmeiras.

Tudo era grande e pomposo no cenário que a natureza, sublime artista, tinha decorado para os dramas majestosos dos elementos, em que o homem é apenas um simples comparsa. (Alencar, 1951c, p. 81-82)

Nesse início do romance, é perceptível reconhecer o valor artístico de José de Alencar. Notamos a preocupação em descrever fielmente a natureza, mas sempre atrelada à sensibilidade romântica. As imagens alencarinas vão surgindo como uma visão cinematográfica. O narrador abre um grande painel e vai se deixando levar pelas sensações que a natureza lhe causa. Todos os elementos estão conectados. A relação dos rios Paraíba e Paquequer, o vassalo e o tributário, respectivamente, ilustram a ordem que a natureza exerce em si mesma. Sem nenhuma interferência do homem, os elementos sabem o seu lugar. Para esse efeito, as imagens alencarinas são pautadas em uma representação analógica, decorrente principalmente da metáfora. Alencar faz uma associação entre conceitos distintos, construindo imagens fortes que resultam em linguagem bem estruturada, contribuindo para a organicidade da natureza. Já que a natureza padece, engrandece, espreguiça, sofre, revolta, fatiga, adormece de acordo com o que é necessário para que sua ordem sempre seja mantida de forma totalizante, os vários elementos descritos compõem uma paisagem harmônica cujos elementos ilustram a teofania romântica – os elementos naturais dialogam diretamente com a alma.

No mesmo capítulo, e articulada com a citação anterior, surge a descrição do "grande castelo" de D. Antônio de Mariz, construído de modo que a natureza lhe forneça a segurança necessária. Nesse momento, é o homem valendo-se da natureza.

> No ano da graça de 1604, o lugar que acabamos de descrever estava deserto e inculto; a cidade do Rio de Janeiro tinha-se fundado havia menos de meio século, e a civilização não tivera tempo de penetrar o interior.
>
> Entretanto, via-se à margem direita do rio uma casa larga e espaçosa, construída sobre uma eminência e protegida de todos os lados por uma muralha de rocha cortada a pique.
>
> A esplanada, sobre que estava assentado o edifício, formava um semicírculo irregular que teria quando muito cinquenta braças quadradas; do lado do norte havia uma espécie de escada de lajedo feita metade pela natureza e metade pela arte.
>
> Descendo dois ou três dos largos degraus de pedra da escada, encontrava-se uma ponte de madeira solidamente construída sobre uma fenda larga e profunda que se abria na rocha. Continuando a descer, chegava-se à beira do rio, que se curvara em seio gracioso, sombreado pelas grandes gameleiras e angelins que cresciam ao longo das margens.
>
> Aí, ainda a indústria do homem, tinha aproveitado habilmente a natureza para criar meios de segurança e defesa.
>
> De um e outro lado da escada seguiam dois renques de árvores que, alargando gradualmente, iam fechar como dois braços o seio do rio; entre o tronco dessas árvores, uma alta cerca de espinheiros tornava aquele pequeno vale impenetrável.
>
> A casa era edificada com a arquitetura simples e grosseira, que ainda apresentam as nossas primitivas habitações; tinha cinco janelas de frente, baixas, largas, quase quadradas. (Alencar, 1951c, p. 82-83)

O primeiro dado a ser evidenciado é o posicionamento do livro na história, o que é fundamental, já que se trata de um romance que identifica um processo histórico do nosso país. Alencar mostra que nesse momento o interior do

Brasil ainda estava preservado da ação do europeu, mas já era possível encontrar evidência de homens naquelas matas seculares com o objetivo de conhecer e extrair recursos naturais – a ação dos bandeirantes ilustraria mais objetivamente esse processo.

Na descrição da casa, nota-se que D. Antônio de Mariz fez a sua fortaleza de modo que pudesse valer-se da segurança que a natureza podia lhe proporcionar. Dessa forma, Alencar descreve um lugar concebido tanto com a colaboração do homem como da natureza.

Alfredo Bosi, no texto intitulado "Imagens do romantismo no Brasil", afirma que Alencar

> [...] oscilaria entre um Romantismo selvagem, pré-social, que define o homem como um simples comparsa dos dramas majestosos dos elementos, e a sua perspectiva histórica, mais coerente e assídua, pela qual a natureza brasileira é posta a serviço do nobre conquistador. O solar do fidalgo está fincado solidamente na paisagem que de todos os lados os protege: e se a muralha não é feita por mão humana, é porque se utilizou a rocha cortada a pique. A eminência da pedra e o abismo em redor oferecem à casa de Dom Antônio segurança digna de um castelo medieval. (Bosi, 2008, p. 240)

Bosi marca o que consideramos como um desafio a Alencar: o autor de *Iracema* tem o compromisso histórico de ser fiel aos acontecimentos do passado nacional, mas também tem o compromisso de instituir imagens da natureza brasileira a fim de construir a identidade nacional. Por isso Alencar, nas palavras de Bosi, realmente oscila nessa empresa de descrever a natureza como majestosa à luz dos homens, mas que também oferece a estes suporte para a sua solidificação no próprio espaço. Essa é a melhor forma de resolver o problema entre o real e o ideal que Alencar supostamente passa. E, em extensão, é dessa forma que o convívio entre a natureza e o homem deve ser estabelecido, já que o homem é elemento da natureza.

Em *O guarani*, há a presença de temas que representam o processo de civilização do índio e do espaço brasileiro. Um deles é a devoção de Peri por Cecília, o que acaba acarretando uma série de escolhas do índio para poder ficar perto da filha de D. Antônio de Mariz, como o uso de pistolas – o que caracteriza a incorporação de um modo do civilizador – e a aceitação do Cristianismo para que possa proteger Ceci.

Há ainda Isabel, apresentada a todos como sobrinha de D. Antônio. Na verdade, ela é fruto dos amores do fidalgo com uma índia em uma de suas explorações. Isabel representa o consórcio histórico de duas raças, mas pouca expressividade simbólica se compararmos com Moacir, o filho de Iracema e Martim. A representante do tipo brasileiro, segundo Alencar, mostra um dado social importante: a marginalização de uma nova estirpe social naquele momento.

No final do romance, Peri aceita o Cristianismo como parte da condição de D. Antônio para que o índio possa salvar Ceci do incêndio na casa. Condição exigida naquele momento, mas sem, após a destruição de tudo, nenhum valor sobre os atos do índio, pois ele ainda se reconhece como um filho da natureza. Ainda assim, o fato, sem dúvida, simboliza a imposição da religião sobre "os povos incultos" da América.

Ainda em *O guarani*, o fim do romance representa o retorno à natureza. O Paquequer, após ser penetrado pela cultura do civilizado, tenta restabelecer a ordem natural dos seus elementos. O grande incêndio na casa de D. Antônio de Mariz dizima todos os personagens, exceto Peri e Ceci; e em seguida, é anunciada uma hecatombe – saída mítica que Alencar confere ao seu romance.

Nesse sentido, o desastre na casa de D. Antônio estabelece a igualdade entre os únicos sobreviventes. O índio e a filha do europeu são apenas agora Peri e Ceci, elementos da vasta natureza do livro. O passado que ainda podia diferenciar Ceci de Peri é apagado aos poucos pelo narrador.

> Cecília repassava na memória toda a sua vida inocente e tranquila, cujo fio dourado tinha-se rompido de uma maneira tão cruel; mas era sobretudo o último ano dessa existência, desde o dia do aparecimento imprevisto de Peri, que se desenhava na sua imaginação.
> Por que interrogava ela assim os dias que tinha vivido no remanso da felicidade? Por que o seu espírito voltava ao passado, e procurava ligar todos esses fatos a que na descuidosa ingenuidade dos primeiros anos dera tão pouco apreço? (Alencar, 1951c, p. 513)

Nesse momento da história, a personagem toma por si a sua nova condição. Percebe que de nada servirá o passado a não ser para lhe trazer lembranças melancólicas. O epílogo marca o processo de retorno de Ceci ao estado natural. Enquanto durante toda a narrativa vê-se Peri em contato com a cultura do europeu, ora de forma submissa, ora conflituosa ou mesmo neutra, em Ceci, nesse momento, há uma nova condição de existir.

> Ela mesma não saberia explicar as suas emoções que sentia; sua alma inocente e ignorante tinha-se iluminado com uma súbita revelação; novos horizontes se abriam aos sonhos castos do seu pensamento.

> Volvendo ao passado admirava-se de sua existência, como os olhos se deslumbravam com a claridade depois de um sono profundo; não se reconhecia na imagem do que fora outrora, na menina isenta e travessa. (Alencar, 1951c, p. 513-514)

Sentindo que sua vida tinha realmente mudado, Cecília aceita a nova condição e inicia um processo de descoberta da natureza que a cerca. Começa a perceber o mundo circundante de um modo nunca sentido por ela.

> Toda a sua vida estava mudada; a desgraça tinha operado essa revolução repentina, e um outro sentimento ainda confuso ia talvez contemplar a transformação misteriosa da mulher.
> Em torno dela tudo se ressentia dessa mudança; as cores tinham tons harmoniosos, o ar perfumes inebriantes, a luz reflexos aveludados, que seus sentidos não conheciam.
> Uma flor que antes era para ela apenas uma bela forma, parecia-lhe agora uma criatura que sentia e palpitava; a brisa que outrora passava como um simples bafejo das auras, murmurava ao seu ouvido nesse momento melodias inefáveis, notas místicas que ressoavam no seu coração. (Alencar, 1951c, p. 513-514)

É nesse cenário que as distinções serão anuladas por completo. Ceci passava por um estado de conhecimento; já Peri regressava ao lar, à natureza, sendo esta a responsável por realçar os contornos da sua beleza primitiva.

> No meio de homens civilizados, era um índio ignorante, nascido de uma raça bárbara, a quem a civilização repelia e marcava o lugar do cativo. Embora para Cecilia e D. Antônio de Mariz fosse um amigo, era apenas um amigo escravo.
> Aqui, porém, todas as distinções desapareciam; o filho das matas, voltando ao seio de sua mãe, recobrava a liberdade; era o rei

> do deserto, o senhor das florestas, dominando pelo direito da força e da coragem.
> As altas montanhas, as nuvens, as catadupas, os grandes rios, as árvores seculares, serviam de trono, de dossel, de manto e cetro a esse monarca das selvas cercado de toda a majestade e de todo esplendor da natureza. (Alencar, 1951c, p. 517)

É o que Flora Süssekind (2006, p. 2002) afirma no livro *O Brasil não é longe daqui*. Para a autora, há uma quebra do sistema social de *O guarani*:

> [...] as 'paisagens históricas', a natureza senhorialmente domesticada e convertida em cenário medieval, por mais seguras que parecessem suas muralhas de rochas, em determinado momento começaram a ruir em *O guarani*. E a ruir de modo espetacular, sob um incêndio triplamente ativado – pelas flechas dos aimorés, pela pira armada para Loredano e pela explosão final provocada por d. Antônio –, como descreve em detalhes, sob o ponto de vista de Peri [...].

E continua:

> [...] no dia seguinte, no lugar onde estivera a casa dos Mariz, viam-se apenas um larga fenda e algumas lascas de rochedos. Mais nada. Uma paisagem natural em vez do quase-'castelo' construído pelo fidalgo português. Alguma coisa parece ter escapado ao enquadramento histórico da natureza, que, no final do romance, destruída a casa, e soltos na selva Peri e Ceci, retoma a cena sem hierarquias ou controles de qualquer espécie. (Alencar, 1951c, p. 524)

Apesar de Cecília passar por esse processo de conhecimento e Peri por um retorno ao lar, surge na narrativa o conflito que poderá separar definitivamente os personagens, uma vez que Cecília deseja ir para o Rio de Janeiro e Peri deseja ficar ali: "– Peri é um selvagem, disse o índio tristemente; não pode viver na taba dos brancos" (Alencar, 1951c, p. 524). Ele sabe que sua raça é condição determinante para não ser incorporado à sociedade, tornando-se "um escravo dos escravos" (*Ibid.*). Ainda assim, o índio pensa em sacrificar-se por Cecília e decide ir aonde ela for, mas a filha de D. Antônio de Mariz resolve ficar com Peri. Esse é um conflito narrativo que evidencia a descoberta do amor de Ceci por Peri.

Para selar de vez o destino dos dois personagens, a natureza mostra toda a sua potência no dilúvio:

> Em face desses transes solenes, desses grandes cataclismos da natureza, a alma humana sente-se tão pequena, aniquila-se tanto, que se esquece da existência; o receio é substituído pelo pavor, pelo respeito, pela emoção que emudece e paralisa. (*Ibid.*)

Cenas como essa só comprovam o caráter apoteótico do natural em Alencar, como se a natureza quisesse revelar o caos que lhe é intrínseco, facultando-lhe, não obstante, o poder de se regenerar.

Para Bosi (2008, p. 242), toda a historicidade dissolve-se nas páginas finais de *O guarani*, e os personagens passam para um plano sem tempo.

> As páginas finais descrevem a fuga de Cecília e Peri pela floresta e pelo rio. Cancelam-se aqui os limites históricos, desfazem-se os contornos da vida em sociedade; e a narração volta-se para as fontes arcanas do romance histórico: a lenda. [...] E só no desfecho, em que a vida reflui para a selva salvadora, o romance perfaz a sua ambição de recortar uma comunidade cerrada, 'natural'. É como se o cronista, leitor de Walter Scott, pusesse a História entre parênteses e imergisse em uma paisagem sem

> tempo. O passado, substância da crônica, perde celeremente todo peso [...].

E encerra afirmando que diante da proposta do seu texto de oscilação entre a perspectiva histórica e um Romantismo selvagem, o segundo resolve o romance:

> Do ponto de vista da economia global do romance, a narração do novo dilúvio tem papel decisivo: propicia o gesto do amor e abre a história para um espaço indeterminado, como os do próprio mito redivivo [...] A oscilação de Alencar, proposta no começo destas linhas, entre a sua perspectiva histórica e um romantismo selvagem, pré-social, resolve-se, enfim, pelo segundo polo, que está contido no primeiro, na medida em que o primitivo natural é ainda mais remoto, mais puro, logo mais romântico que a simples evocação dos tempos antigos. (Bosi, 2008, p. 242)

Na cena do dilúvio, Alencar, imbuído por concepções míticas e lendárias, portanto a-históricas, reelabora a versão indígena do dilúvio universal. Seriam Peri e Ceci os formadores da nova estirpe brasileira. Esse episódio encontra-se presente na fábula da epopeia inacabada *Os filhos de Tupã*. Como já dito, *O guarani*, ao lado de *Iracema* e *Ubirajara*, faz parte de um novo empreendimento de Alencar após desistir de levar adiante a epopeia. Alencar (1960, p. 558) diz:

> Então Tupã viu que a raça ia extinguir-se antes do tempo, lembrou-se que era seu pai, escolheu aquele onde estava o melhor sangue de Tupi, e mandou que ele viesse ao cimo dos Andes: a – Filho melhor de Tupi, eu vou mandar a chuva cair para cobrir a terra e matar a tua raça rebelde; mas como não é tempo que ela entre no meu seio donde saiu, tu salvarás o sangue de Tupi para com ele de novo gerar os povos. Vai, toma

> a primeira virgem que teus olhos virem, e recolhe com ela ao olho da palmeira; tu serás aquele que ficará depois da chuva. Por isso te chamarão *T'amandaré*.

Representando uma das cenas mais icônicas da literatura brasileira, Peri arranca uma palmeira, do mesmo modo que Tamandaré, e abriga-se com Ceci no cimo da árvore, enquanto o espetáculo da natureza acontece.

> Peri alucinado suspendeu-se aos cipós que se entrelaçavam pelos ramos das árvores já cobertas d'água, e com esforço desesperado cingindo o tronco da palmeira nos seus braços hirtos, abalou-se até as raízes.
>
> Três vezes os seus músculos de aço, estorcendo-se, inclinaram a haste robusta; e três vezes o seu corpo vergou, cedendo à retração violenta da árvore, que voltava ao lugar que a natureza lhe havia marcado.
>
> Luta terrível, espantosa, louca, esvairada; luta da vida contra a matéria; luta do homem contra a terra; luta da força contra a imobilidade.
>
> Houve um momento de repouso em que o homem, concentrando todo o seu poder, estorceu-se de novo contra a árvore; o ímpeto foi terrível; e pareceu que o corpo ia despedaçar-se nessa distensão horrível.
>
> Ambos, árvore e homem, embalançaram-se no seio das águas; a haste oscilou; as raízes desprenderam-se da terra já minada profundamente pela torrente.
>
> A cúpula da palmeira, embalançando-se graciosamente, resvalou pela flor d'água como um ninho de garças ou alguma ilha flutuante, formada pelas vegetações aquáticas.
>
> Peri estava de novo sentado junto de sua senhora quase inanimada; e, tomando-a nos braços, disse-lhe com um acento de ventura suprema:
>
> – Tu viverás!. (Alencar, 1951c, p. 540)

Dessa forma, Alencar encerra *O guarani* com o beijo entre os dois derradeiros personagens e uma "palmeira arrastada pela torrente impetuosa". É o retorno ao princípio, no qual tudo pode ser harmonizado dentro de uma esfera completamente perfeita e sustentada em si mesma. Ceci e Peri não possuem mais diferenças. Não há dicotomias separando-os. São os personagens de um Éden brasileiro sustentado e reforçado pelo próprio Alencar (2008, p. 38) na hipótese de que a América seria o berço da humanidade:

> O berço da humanidade foi a América; não esta regenerada; mas a primitiva, tal como saiu do gênese universal. Aqui fez a inteligência animalizada por Deus a sua primeira etapa na Terra. Aqui, nesta terra majestosa que ainda conserva apesar das tremendas convulsões o tipo de sua estupenda magnitude, aqui raiou a luz do progresso.

O autor, no mesmo ensaio, vai além, afirmando que o primeiro homem do mundo é o americano. Inicia uma análise a partir do nome *Adam*, pois, segundo ele, significa o vermelho, cor de argila.

> O primeiro homem chamou-se *Adam* – o vermelho, cor de argila. Muitas vezes se tem traduzido essa palavra por homem, mas pela razão da matéria de que Deus o formou. Como prova da original significação do termo, encontra-se na antiguidade *edom*, o mar vermelho, e *edomea*, país dos vermelhos. Em igual sentido foi usado no cap. 2, ver. 4, das profecias de naum contra Níneve: *Magen gboreihou m'Adam* – os escudos dos guerreiros vermelhos. A uma raça humana cabe exclusivamente esse distintivo de cor argilosa ou vermelha – à raça americana. Não obstante os milênios decorridos, ainda atualmente apresenta ela no Brasil esse característico. O objeto que melhor representa

> a tez do indígena do novo mundo não é nem o cobre nem a azeitona, como pretenderam vários escritores; mas o barro do qual segundo o *Gênesis* foi ele amassado. De nome vulgar do autóctone domesticado – caboclo – fez o vulgo um adjetivo para designar a cor vermelha e especialmente a louça feita do barro. Foi sem contestação a raça americana ou vermelha a primeira do mundo; aquela que Deus plasmou, deixando-lhe impressa na cor a matéria de que era formada. Oferece ela o original puro de que as outras procedem, mostrando a etiópica e a caucasiana os extremos atuais da degenerescência ou aperfeiçoamento. Pode-se considerar a mongólica como simples modificação da mesma raça americana, produzida por influência climatérica. (Alencar, 2010, p. 52-53)

Independente das hipóteses anunciadas acima, o pensamento filosófico de Alencar em *Antiguidade da América* e o final de *O guarani* ressaltam a ideia de recomeço, de que é possível chegar ao princípio de tudo por meio do fim. As hecatombes são caracterizadas por uma grande matança de pessoas mediante catástrofes ou eventos naturais. Destarte, é coerente afirmar que o final de *O guarani* é uma solução eficiente dentro do projeto nacionalizante de Alencar, uma vez que o autor era contrário às ideias progressistas que destruíssem a natureza brasileira. Para isso, metaforicamente, no final aberto de *O guarani*, é possível, após o fim do dilúvio, a composição de uma nova raça, mas também de um novo mundo bem ao estilo romântico. É a possibilidade de o sujeito poder viver harmoniosamente com os seus pares e com a natureza. É o regresso à ingenuidade dos antigos tão almejada pelos modernos.

Referências

ALENCAR, José de. *Antiguidade da América e A raça primogênita*. Edição, apresentação e notas de Marcelo Almeida Peloggio. Fortaleza: Edições UFC, 2010.

______. *Cartas sobre A confederação dos tamoios*. Coimbra: Almedina, 1994.

______. "Como e porque sou romancista". In: ______. *O guarani*. Rio de Janeiro: José Olympio, 1951a, v. 1.

______. *Iracema*. Rio de Janeiro: José Olympio, 1951b, v. VIII.

______. *O guarani*. Rio de Janeiro: José Olympio, 1951c. 2 v.

______. Os filhos de Tupã. In: ______. *Obra completa*. Rio de Janeiro: José Aguilar, 1960, v. IV.

______. *Sonhos d'ouro*. Rio de Janeiro: José Olympio, 1951d, v. XI.

______. *Ubirajara*. Rio de Janeiro: José Olympio, 1951e, v. VIII.

ASSIS, Machado de. "Iracema". In: ALENCAR, José de. *Iracema*. Rio de Janeiro: José Olympio, 1951, v. VIII.

BOSI, Alfredo. "Imagens do romantismo no Brasil". In: GUINSBURG, J. (Org.). *O romantismo*. São Paulo: Perspectiva, 2008.CASASANTA, Mário. "Alencar: um formador de brasileiros". In: ALENCAR, José de. *Alfarrábios*. Rio de Janeiro: José Olympio, 1951, v. XIII.

CASTELLO, José Aderaldo. "Iracema e o indianismo de Alencar". In: ALENCAR, José de. *Iracema*. Edição crítica de M. Cavalcanti Proença. São Paulo: Edusp, 1979.

COUTINHO, Afrânio (Org.). *A polêmica Alencar-Nabuco*. Rio de Janeiro: Tempo Brasileiro, 1965.

______. "José de Alencar, esse desconhecido?" In: ALENCAR, José de. *Iracema*. Lenda do Ceará. Edição do Centenário. Rio de Janeiro: MEC/INL, 1965.

LIMA, Alceu Amoroso. "Alencar crítico". In: ______. *Estudos*. 4ª série. Rio de Janeiro: Edição do Centro D. Vital, 1931.

PELOGGIO, Marcelo Almeida. "A intuição geral do mundo: Alencar e Chardin". In: ALENCAR, José de. *Antiguidade da América e A raça primogênita*. Edição, apresentação e notas de Marcelo Almeida Peloggio. Fortaleza: Edições UFC, 2010.

PAZ, Octavio. *Os filhos do barro*: do romantismo à vanguarda. Tradução de Ari Roitman e Paulina Wacht. São Paulo: Cosac Naify, 2013.

PELOGGIO, Marcelo Almeida. O conceito de mudança em José de Alencar. *Revista Garrafa*, abr./jun. 2007. Disponível em: <http://www.ciencialit.letras.ufrj.br/garrafa12/v2/marcelopeloggio.html>. Acesso em: 23 dez. 2014.

PROENÇA, M. Cavalcanti. "Introdução crítico-filológica". In: ALENCAR, José de. *Iracema*. Edição crítica de M. Cavalcanti Proença. São Paulo: Edusp, 1979.

SCHILLER, Friedrich. *Poesia ingênua e sentimental*. Tradução de Márcio Suzuki. São Paulo: Iluminuras, 1991.

SÜSSEKIND, Flora. *O Brasil não é longe daqui*: o narrador, a viagem. São Paulo: Companhia das Letras, 2006.

José de Alencar, o educador

Marcelo Peloggio[1]
Ana Marcia Alves Siqueira[2]

Nas alusões feitas a José de Alencar, a primeira coisa que vem à mente, o mais das vezes, é a figura do romancista, principalmente a do criador de *O guarani* e de *Iracema*. Também pode acontecer de sobressair, não exatamente nessa ordem, e talvez mais raramente, a pessoa do político, do polemista, do cronista, do dramaturgo. Não haveria de ser de outro modo, uma vez que o autor cearense destacou-se, com indubitável mérito, nos setores a que dispensou talento, inteligência e rica imaginação.

Assim, à custa da repetitividade, não parece ser de todo necessária a postura crítica que elogia em Alencar, com inegável razão, a musicalidade ou o colorido do estilo – traduzido pela delicadeza das tintas –, ou ainda o elevado senso artístico de seu nacionalismo literário, o que implica drama e lirismo profundos e daí a grande habilidade e mestria na composição de sabor romanesco.

E se parecer, pois, um tanto quanto relativista a observação que aqui fazemos sobre as opiniões formuladas até então,

1. Professor adjunto do Departamento de Literatura da Universidade Federal do Ceará (UFC).
2. Professora adjunta do Departamento de Literatura da Universidade Federal do Ceará (UFC).

não o é no sentido de serem desacreditadas, mas, acima de tudo, de servirem a um único propósito: o de revitalizar o pensamento alencarino. O caráter cediço da crítica – o que de toda maneira julgamos algo extremado – está em ordem de revelar, justamente por isso, o seu oposto. Isso quer dizer que toda luz despedida pelo concurso analítico, mas com o propósito idêntico ao de muitas outras investigações, à medida que esclarece com assaz persistência alguns setores, concorre para lançar na sombra outros tantos. Falamos mais especificamente do idealismo em José de Alencar.

O primo, Araripe Júnior (*in* Coutinho, 1958, p. 196), e o primeiro a lhe dedicar um estudo da obra com certo grau de sistematicidade, assevera o seguinte, à luz de uma perspectiva naturalista: "Pouco viajou; não experimentou a rudeza do deserto, e do seu gabinete perfumado foi que ele projetou a sua lente sobre os horizontes imponentes do Brasil. José de Alencar era de um idealismo absoluto". Pode-se dizer que foi por conta desse teor que, em geral, regulou-se o pensamento crítico acerca da obra alencarina, ora para enaltecê-la, ora para lhe censurar a organização estética: assim teremos, para o caso, o "azul diáfano das esferas" (Rocha Lima), a "inverossimilhança gritante" (José Veríssimo), ou mesmo o "grande colorista sem meias-tintas" (Eugênio Gomes), a "intemperança fantasista" (Augusto Meyer) e o "Brasil ideal de Alencar" (Alfredo Bosi), entre outros.

De qualquer maneira, o efeito mágico de tal orientação – ou o "ideal de bondade" que é capaz de despertar – parece compensar a falta cometida no tocante à verossimilhança. Diz Araripe (*in* Coutinho, 1958, p. 196):

> Este ponto de vista, se, por um lado, altera a verdade, por outro, força-o [ele, Alencar] a criar situações, sem as quais [sua] obra perderia todo o [...] valor.
> É sob o influxo, pois, dessa magia que a [imagem] se nos mostra cheia de tintas tão maviosas, de efeitos de luz anestesiante.

Analisando *O guarani*, Wilson Martins (1977, p. 65-66) assume posição semelhante ao apontar o tom idealizador da obra histórico-indianista:

> *O guarani* tem sido obstinadamente lido como se fosse um romance *realista* que tivesse o defeito de idealizar o índio; na verdade, é um romance *histórico*, isto é, *idealista* e mítico, que procura dar significação nacional a personagens e processos que só idealmente a poderiam ter.

Com efeito, essa inclinação para o ideal como que ilumina um terreno pouco explorado pela crítica; sendo assim, o suposto "defeito", ou o modo pelo qual era designado o idealismo alencarino, muda-se em qualidade, isto é, em algo positivo em razão de ser ao mesmo tempo, à primeira vista, refrigério e enlevo para a alma. Daí que haveria no autor de *Iracema* – e não apenas em seus romances, como mostraremos a seguir – um claro intento pedagógico: o de infundir em seus leitores, além de todo sentimento de inefabilidade e magia, outro decisivo e maior, o sentimento de humanidade *em sua plenitude*, ou, antes, o empenho de se levar adiante o "aprendizado da humanidade do homem" (Bornheim, 1990, p. 9), ou o cultivo mesmo do ideal, o que, em Alencar, dar-se-ia de três maneiras distintas, mas plenamente integradas, a saber: via a natureza e o modo de ser para então culminar no belo artístico.

Educando pelo ideal

Tomar o autor de *O guarani* por educador parece, em um primeiro momento, algo equivocado, já que a arte literária, do ponto de vista pedagógico, seria nula: sua índole desinteressada (sobretudo no que concerne ao modo como nos impressiona) a desobrigaria da tarefa de ensinar ou, em último caso, aconselhar algo.

Cultivar, pois, o ideal para a representação do homem em sua perfectibilidade sempre constituiu, em Alencar, a principal demanda. Mas, ante esse fato, eis que desponta então um contrassenso: o de transformar a *arte do educador* em *arte para educar*. Porque é preciso ter em mente que educar não significa, de forma alguma, a mera imposição – quer mediante a quantificação valorativa, quer mediante a simples reprimenda ou o castigo mais severo – de um conjunto de regras e preceitos àquele que é submetido ao processo de aprendizagem. O exemplo do que falamos é ilustrado, à perfeição, no romance alencarino *Til* (1872). O humanitarismo da protagonista Berta, que se lança a ensinar as primeiras letras a Brás, o cretino idiota, o redime dos castigos recebidos de um professor intransigente, o Domingão. De modo que, "com toda a meiguice", a menina de origem humilde trabalhava

> para aplicar às letras o boto engenho daquele órfão, ainda mais que ela desamparado da fortuna. Vão esforço, em que, não obstante, porfiava com uma perseverança incrível naqueles tenros anos, e em tão humilde condição.
> De seu lado também não descoroçoava o Domingão de meter o abecê nos cascos do Brás, ainda que para isso fosse necessário abri-los de meio a meio:

> – Burro! gritava ele com uma voz de trompa, esgrimindo a férula. Ou te racho o quengo com este bodoque, ou pões em achas o guaratã!...
>
> Afinal teve Berta uma inspiração. Desenganada de obter que o menino pronunciasse ao menos o *a*, deixou-o lançar-se aos costumados esgares e gambitos. Observando então o pobre sandeu com dó profundo, pensava ela que Deus, em sua infinita misericórdia, concedia a essa alma tão atribulada e sempre confrangida por terrível angústia, um breve instante de alegria. Nisso o Brás pulando como um boneco de engonço passava a ponta do dedo mui de leve pelas sobrancelhas negras de Berta, por seus lábios finos, pela conchinha mimosa da orelha; e, apontando alternadamente para o til na carta do abecê, repinicava as risadas e os corcovos. (Alencar, 1955, p. 131-132)

É importante observar que a aspiração do ideal de humanidade, em sua perfeição mesma, e a consistir aqui na unidade moral alencarina, não deve ser confundida com o tipo de conhecimento que, em suas determinações mais gerais, tenha tão somente por meta a experiência sensível. O ensino do ideal em José de Alencar, longe de um ajuste em desenvolvimento na ação empírica, corresponde, antes, à noção central de *cultivo* – fazendo-se uso do significado epistemológico que Stirnimann (*in* Schlegel, 1994, p. 14) confere ao termo alemão *Bildung*, geralmente traduzido, dependendo do caso, por "formação", "educação", "cultura". Assim, sob a primeira perspectiva, "*Bildung* é também um ideal pedagógico, voltado à resolução do antagonismo entre a vida e o espírito, o genérico e o individual, a natureza e a cultura".

A essa noção de harmonia, com efeito, parece ajustar-se o autor de *O guarani*, de vez que atribui ao processo civilizatório o desenvolvimento do "homem-moral" em prejuízo do "homem-físico" (Alencar, 1981, p. 210). Significa dizer, em sentido filosófico, que o ser mesmo da obra alencarina (o seu romance e teatro) dá a ver o ideal encarnado, isto é, a *humanidade moral*, como meta de um cultivo incessante, o qual, em todo o seu conjunto, se efetivo e verdadeiro, mantém à plena força os volteios da espiritualidade e liberdade. Portanto, pode-se afirmar, o cultivo é a única garantia que tem a vida espiritual para que esta exponha, do ponto de vista artístico, o conceito de perfectibilidade humana: em outras palavras, a consecução pela forma, de modo pleno – porque expressão da mais pura universalidade – de uma *unificação moral*.

Regressando ao *Til*, no que diz respeito ao seu conteúdo, é de se observar no todo da obra o empenho poético para tornar formalmente possível tal unificação, de modo que a *mensagem consoladora* seja, aí e então, a substância comum, ou, na linguagem schilleriana, o conteúdo mediante o qual se objetiva, no todo ou em parte, a "exposição de um absoluto" (Schiller, 1991, p. 85). Para a *forma do entrecho* tem-se a abnegação total de Berta em socorro caridoso a tipos desgraçados e vis, o que se exemplifica no auxílio paciente prestado ao idiota malvado; do contrário, como *forma da natureza*, a substância jamais se acha efetivada, pois não encontra amparo na configuração artística, já que não a faz, aprioristicamente, um ideal. Nesse caso, a figuração sensível da forma e o seu conteúdo correspondente mostrar-se-iam apartados desde o início – é que as relações de força, algo bastante degenerado em *Til*, impediriam, pois, toda e qualquer expressão de solidariedade ou compaixão, visto que o livro "é uma exibição de malvados, a partir duma vilania inicial, formando roda em torno da bondade e da inocência" (Candido, 2009, p. 544). Todavia, para o primeiro caso, o ideal mesmo e o seu modo de exposição tornam possível a harmonia moral, ou, antes, a objetivação de um conteúdo verdadeiro porque *infinitamente humano*:

> Associando-se à lembrança original do idiota, disse-lhe a menina, ajudando a palavra com mímica expressiva, e apontando para a carta:
>
> - Eu sou til!
>
> [...]
>
> Daí em diante aquele sinal, que para o idiota era o símbolo da graça, da gentileza e do prazer, tornou-se a imagem de Berta, e não se cansava Brás de o repetir, não por palavras, mas por acenos com os meneios mais extravagantes.
>
> [...]
>
> Um dia, [...] com violento esforço e após funda concentração, arrancou dos beiços grossos e flácidos estas palavras truncadas:
>
> - Brás... bem Til... muito... muito!...
>
> Sorriu-se Berta, e agradeceu-lhe com um carinho. (Alencar, 1955, p. 133)

Nessa passagem, a *natureza* vê-se a si mesma suplantada pelo ideal, que se configura a partir do *entrecho*; a vida sensível nem por isso é desprezada, mas antes se espiritualiza com a unificação moral dos contrários - estes não se anulam, pois que formam par para a composição de uma malha substancial, pautada no desvelo total e desinteressado: Berta, altruísta e bela, associa-se humanitariamente a Brás, inteiramente vil e disforme.

A essa forma de educação pela idealidade, quer seja de um exemplo sacado da aprendizagem formal - a alfabetização de Brás -, quer seja de circunstâncias outras da vida de relação, chamamos nós, conforme expressão acima, arte para educar.

O cultivo dessa forma de arte no autor cearense não faz dele propriamente um educador – no sentido estrito, quer dizer, tradicional e técnico do termo –, mas sim o promotor obstinado de um ideal para o cultivo e a exposição deste, tendo por meta a perfectibilidade da natureza humana. Essa é, talvez, a razão de ser de *Til*: na figura de Berta, a concretude de um caráter mais humanitário do que civilizador.

A natureza e o belo artístico

Dizíamos ser a integração da natureza com o modo de ser, portanto efetivos do ponto de vista espiritual, o meio e a forma para o cultivo da noção de perfectibilidade humana em Alencar. Educar ou cultivar para a formação do homem moral parece constituir o apanágio do pensamento alencarino – o que não significa dizer que o autor cearense tenha se saído exitoso, sobretudo em seus romances, na tarefa de plasmar o ideal absoluto. O tema da misantropia em obras como *O gaúcho* (1870) e *O sertanejo* (1875), assim como o não me toques de membros da burguesia, sobretudo em *Diva* (1864) e em *Sonhos d'ouro* (1872), há de transformar o ideal no mais puro ato de esquisitice. Nesse caso, a experiência se vê ultrapassada pela idealidade mesma. Todavia, aquela não se espiritualiza, o que torna o cultivo inviável em razão de sobrelevar-se o ideal em relação à vida empírica, que assim não encontra meios para objetivá-lo ou torná-lo *sensível*; pelo contrário, é irradiada para bem longe do campo de influência da própria idealidade. Criaturas cujo egotismo e a altivez excessiva constituem a nota dominante, o *happy end* de obras como *A viuvinha* (1860) e *Senhora* (1875) e a antinomia corpo/alma em *Lucíola* (1862), todas essas designações contribuem para a real desfiliação do ideal moral em relação à experiência sensível.

Contudo, é preciso salientar, aqui, a peculiaridade da misantropia de Arnaldo, protagonista de *O sertanejo* e herói filiado ao heroísmo cavaleiresco dos romances cortesãos medievais. Esse romance de Alencar aproveita temáticas das novelas de cavalaria, tais como: o amor não declarado entre a donzela e o seu vassalo, os artifícios do amor impossível devido ao distanciamento social, a paixão que só diz respeito a si mesma, a vigilância familiar e a luta entre o bem e o mal. Embora essa intertextualidade, calcada em fôrma tão antiga, tenha resultado na desaprovação da obra por parte da crítica especializada, seu aspecto delineia a ambiguidade característica da adaptação do modelo romanesco europeu à sociabilidade local, que presidiu a ficção oitocentista no Brasil (cf. Schwarz, 1988), mas que também pode ser lida como um dos recursos utilizados pelo autor para promover um ideal educativo no sentido do cultivo ou da formação do homem moral.

Arnaldo é o guerreiro apaixonado em sua perfeição mesma, segundo os moldes da cavalaria. Suas atitudes, como a desistência do casamento com Alina ou o abandono da intenção de se declarar a Flor, relacionam-se a um tipo de aprendizado cavaleiresco em que a opção pela castidade e pela repressão dos apelos da carne denota um comportamento entendido como "a mais elevada modalidade de proeza" (Le Goff, 1994, p. 163), tendo em vista que o jovem serve e defende sua amada sem buscar a satisfação do desejo, mas o aperfeiçoamento de seus serviços. Essa espécie de amor cortesão está enraizada nas obras conhecidas como espelhos de príncipes – escritos educativos visando ao aperfeiçoamento do espírito do governante e por conseguinte dos cortesãos por meio do controle das paixões.

Destarte, Arnaldo contenta-se em beijar o ar impregnado do perfume da amada e a enxerga sempre com "os olhos d'alma" (Alencar, 1969, p. 239), assim como Amadis em relação a Oriana (Amadis de Gaula, séculos XIV e XV). Esse é o segredo do vaqueiro e a motivação profunda de uma resposta às desconfianças do capitão-mor: "– Procuro o sertão e moro nele para estar só" (Alencar, 1969, p. 86). A misantropia de Arnaldo é concretizada, pois, no seu retiro vivido em harmonia com a natureza sertaneja e no convívio com os animais; porém, segundo esse raciocínio, seu afastamento do convívio humano serve somente à intenção de observação e proteção de todos sem chamar a atenção. Seus serviços são prestados sem que haja testemunhas ou alarde, obedecendo sempre ao intuito de preservar a vida e a felicidade de Flor e sua família. Com efeito, a harmonia em que o protagonista vive no sertão, em meio a animais selvagens, acaba por soar exagerado no contexto oitocentista e também por não alcançar a objetivação. A idealidade de um espírito em perfeita harmonia com o sertão não chega à realização de um bem altruísta, visto que desobedece aos planos de aliança com os familiares do capitão-mor, alcançando antes a preservação de um estado de coisas que possibilita apenas a contemplação de Arnaldo. A narrativa não encontra meios de sobrelevar o ideal em relação à vida empírica do núcleo humano da fazenda Oiticica, isto é, não realiza os meios de sua efetivação verdadeira.

É de se perguntar, então, pelo significado ou real valor da natureza à luz da dita unidade moral. Parece haver, no romance alencarino, certa incongruência de tal ordem na organização estética que um ajuizamento nesse sentido se torna, em larga medida, inviável. De duas uma: ou a forma se configura mítica para absorver e sustentar – e não sem dificuldade – um conteúdo autêntico, efetivo e verdadeiro, ou a mitologia há de contrapor-se às produções espirituais de um quadro social marcadamente prosaico e filistino. Nesse caso, basta recordar a divisão dramática de *Sonhos d'ouro*, isto é, com algum tanto do entrecho se desenvolvendo na parte elevada da floresta da Tijuca e outro tanto no Rio de Janeiro, ou a "grande cidade réptil, onde as paixões pululam", até porque "embaixo era uma ambição; em cima contemplação" (Alencar, 1938, p. 15).

Assim, teremos, em primeiro lugar, a relação de obras cujo cenário – seja urbano, seja rural – ajusta-se, pouco a pouco, aos ditames da modernidade; daí se explica a prevalência do entrecho (das inclinações morais) sobre a natureza ou a experiência, não se requisitando desta senão a parte idílica como pura compensação da forma, mas jamais como ideal. Por outro lado, a ambiência mítica, de nível poético assaz elevado, graças ao jogo metafórico e incessante dos símiles, parece impor-se ao entrecho – algo observável em *O guarani* (1857) e, principalmente, em *Iracema* (1865). Com efeito, "num sistema contínuo de comparações, a personagem é fundida e confundida com a própria natureza americana" (Ribeiro, 1996, p. 222); em uma palavra, Iracema e o mundo circundante dobrar-se-iam um sobre o outro dando vez a uma só e mesma coisa. Esse panteísmo da forma, ou, antes, a totalidade artística do livro, ao configurar os primeiros lances de nossa nacionalidade, promove a mais completa unificação moral de que se tem notícia em um romance alencarino, pois que parte então da forma-natureza para envolver, com grandeza artística e por inteiro, a substância propriamente dita do ideal:

independente das venturas e dos infortúnios da virgem tabajara, tudo nessa obra é produto ao mesmo tempo do mais puro lirismo, vigor épico e dramaticidade.

De maneira efetiva e harmônica, *Iracema* une à atmosfera doce e maviosa, ao choque civilizacional representado, à beleza trágica desse choque – quer dizer, em termos gerais, à própria forma de exposição interna –, o conteúdo espiritual em si e para si mesmo: é porque o ideal de natureza humana ultrapassa o entrecho confundindo-se com a grandeza moral da guerreira indígena. Coincidindo, portanto, com a mitologia, tudo deve partir de Iracema e a ela regressar, posto que a particularidade dos seus atos evidencia no todo da forma uma forte incongruência. Mas nada disso terá relevo ante o fato de a natureza exibir, à luz do concreto sensível, a razão de ser da poesia em que tudo deve ser elevado – a delicadeza, a coragem, a renúncia:

> Iracema saiu do banho; o aljôfar d'água ainda a roreja, como à doce mangaba que corou em manhã de chuva. Enquanto repousa, empluma das penas do gará as flechas de seu arco: e concerta com o sabiá da mata, pousado no galho próximo, o canto agreste. A graciosa ará, sua companheira e amiga, brinca junto dela. Às vezes sobe aos ramos da árvore e de lá chama a virgem pelo nome; outras, remexe o uru de palha matizada, onde traz a selvagem seus perfumes, os alvos fios do crautá, as agulhas da juçara com que tece a renda, e as tintas de que matiza o algodão. Rumor suspeito quebra a doce harmonia da sesta. Ergue a virgem os olhos, que o sol não deslumbra; sua vista perturba-se. Diante dela e todo a contemplá-la está um guerreiro estranho [Martim], se é guerreiro e não algum mau espírito da floresta. Tem nas faces o branco das areias que bordam o mar; nos olhos o

azul triste das águas profundas. Ignotas armas e tecidos ignotos cobrem-lhe o corpo.
Foi rápido, como o olhar, o gesto de Iracema. A flecha embebida no arco partiu. Gotas de sangue borbulham na face do desconhecido.
De primeiro ímpeto, a mão lesta caiu sobre a cruz da espada; mas logo sorriu. O moço guerreiro aprendeu na religião de sua mãe, onde a mulher é símbolo de ternura e amor. Sofreu mais d'alma que da ferida.
O sentimento que ele pôs nos olhos e no rosto, não o sei eu. Porém a virgem lançou de si o arco e a uiraçaba, e correu para o guerreiro, sentida da mágoa que causara. A mão que rápida ferira, estancou mais rápida e compassiva o sangue que gotejava. Depois Iracema quebrou a flecha homicida: deu a haste ao desconhecido, guardando consigo a ponta farpada. (Alencar, 1951c, p. 31-35)

A obra alencarina abre-se dessa maneira e por meio dela chega a seu termo. A atmosfera tomada de delicadezas está profundamente consorciada com lances de intrepidez até a renúncia fatal. A unificação moral é aqui, força é dizê-lo, completa: a natureza, o modo de ser e o belo artístico são representados em conjunto harmonioso ou, antes, Iracema e a infinita *beleza* do seu abandono em virtude das escolhas que faz em nome de Martim; e tudo isso magistralmente simbolizado pelo filho da dor, Moacir.

Nenhuma obra ficcional em Alencar vai mais longe do que isso. O cultivo do ideal atinge, em *Iracema*, o mais elevado grau do ponto de vista estético.

O fato de a natureza, como realidade imediata, dissuadir o cultivo mesmo do ideal, ou a noção de perfectibilidade da natureza humana, pode ser explicado a partir da limitação ou – o que é a mesma coisa – da inadequação poética da forma ao teor moral que se lhe administra. O que não é o caso em *Iracema*. De sorte que, indo ao contrário desse exemplo, a falta de uma correspondência clara e precisa entre o fator espiritual e a configuração sensível é então substituída pela celebração do meio natural esboçado em painéis destacados do todo ou como crítica romântica ao senso filistino e utilitarista. No romance alencarino urbano ou de cunho agreste, esse isolamento substancial acarreta, pois, uma fratura na forma, mediada pela distinção algo extravagante dos tipos, como podemos observar em *Diva*:

> A chácara coberta de arvoredo estendia-se pelas encostas até as pitorescas eminências de Santa Teresa.
> Gozava-se aí de uma vista magnífica, de bons ares e sombras deliciosas. O arrabalde era naquele tempo mais campo do que é hoje. Ainda a foice exterminadora da civilização não esmoutara os bosques que revestiam os flancos da montanha.
> Fora assim [...] que se formara essa natureza [a de Emília] tímida e ao mesmo tempo que audaz. Havia nela a transfusão de duas almas, uma alma de criança e outra alma de heroína. Só em face da natureza, a agreste poesia daqueles ermos comunicava com seu espírito e o enchia de arrojos admiráveis. Em presença de alguém a vida soldava-se no íntimo como num invólucro impenetrável; restava apenas na superfície uma sensibilidade irritável. (Alencar, 1951b, p. 232; p. 235)

Há, de fato, na obra literária alencarina, uma galeria considerável de "bichos-do-mato", os quais podem ser divididos em categorias, unificadas, sem mais, pela afetação romântica: assim, teremos os altivos, a exemplo de Ricardo, de *Sonhos d'ouro*, e de Mário, de *O tronco do ipê* (1871); os brutos, figurados por Manuel Canho e Arnaldo, os misantropos de *O gaúcho* e *O sertanejo*, respectivamente; e também nos tipos femininos – mas, nessa situação, à conta de uma crítica corrosiva aos valores de uma vida social corrompida, materialista, despontando aí o vulto de Carolina, da comédia *As asas de um anjo* (1858), ou o de Lúcia, em *Lucíola*.

A celebração da natureza, assim como o plasmar do moralmente excêntrico, não encontra meios para a efetivação do ideal cultivado: isso porque a manifestação isolada dos caracteres nem tem como favorecer o entrecho, tampouco a própria natureza, à exceção, no primeiro caso, do humanitarismo de Berta e, no segundo, em *Iracema*, do renunciar de si própria da guerreira tabajara.

A educação pelo ideal (ou a objetivação do belo artístico), ainda em conformidade com a perspectiva de se valorizar a natureza, não é de toda viável nos textos críticos ou nas crônicas do autor de *O guarani*, já que estes valem apenas como importante instrumento de denúncia, alerta ou como constatação empírica ante a utilidade pública, algo da mais pura necessidade e, por conseguinte, nem um pouco ideal.

A conduta e o belo artístico

De antemão, é preciso dizer que a vida moral prática não serve de parâmetro ao conceito superior de humanidade: este é de natureza espiritual, cuja significação é interiorizada de modo pleno e absoluto; aquela, por sua vez, não atende senão à experiência, pois que a determinação em curso se mostra parcial e, sob essa perspectiva, isolada.

O ensinamento moral em Alencar não deve ser considerado à luz do seu conservadorismo em política, a menos que se concentre no primeiro uma imagem substancial e concreta como finalidade última – o que não é o caso, evidentemente, nem do romance nem do teatro alencarino. Portanto, à exceção do humanitarismo em *Til* – em verdade, podemos chamá-lo um fato único –, a orientação romanesca e dramática, no autor cearense, em termos de uma conduta ideal, inclina-se menos para o altruísmo efetivo e verdadeiro do que para o individualismo redentor, ou o tema mesmo da regeneração.

Assim, em que pese o *happy end*, afastando os heróis para bem longe da "curiosidade importuna e indiscreta" (Alencar, 1951, p. 158); em que pese também a afetação, origem no estoicismo autoimposto – nesse caso, em uma obra "que mostra o vício castigado pelo próprio vício" (Alencar, 1977, p. 255); em que pesem em contrário, portanto, uma e outro, em si prejudiciais à unificação moral, esta não obstante se objetiva em razão de um processo recíproco de aprendizagem, apesar do individualismo. Em Alencar esse *desideratum* só se torna possível à força de muita dramaticidade – dado verdadeiramente artístico, pois com ele cinge o ideal do poder inebriante do amor.

E quanto do belo artístico não há na emanação suave e cândida do amor, a pairar como que sobre a razão de ser da poesia. Bem disse Schlegel (1997, p. 154): "Somente pelo amor e consciência do amor, o homem se torna homem". Em outras palavras: a humanidade moral pode ser revelada, nesse particular, em si e para si mesma. Sendo assim, o princípio ou o motivo geral da regeneração em Alencar não teriam então por finalidade senão o cultivo do ideal e a exposição efetiva deste por meio do entrecho, nas linhas da poesia como hino do amor e da vida. Daí que, conforme observação precisa de Araripe Júnior (*in* Coutinho, 1958, p. 74), o autor cearense,

> como artista apaixonado, engolfa-se na execução de sua obra, e, correndo pelos dedos um por um dos fios de filigrana que entretece, não deixa escapar um só elemento que possa concorrer para o efeito plástico do tipo que descreve.

O fato é observado, sobretudo, em *Cinco minutos* (1856), *A viuvinha*, *Lucíola* e *Senhora*. E, de vez que é necessário ressaltar, essas obras não se pautam, de modo algum, pela concepção coletivista ou humanitária; realçam antes o esforço individual no processo contínuo de aprendizagem, manifestando, assim, o ideal cultivado. Portanto, para o caso de *Cinco minutos*, os eflúvios poéticos do amor não se prestam apenas a regenerar a esperança, mas também, e por consequência dela, a eliminar a enfermidade física:

> – Oh! Quero viver! exclamou ela [Carlota].
> E com os lábios entreabertos aspirou com delícia a aura impregnada de perfumes que nos enviava o golfo de Ischia.
> Desde esse dia foi pouco e pouco restabelecendo-se, ganhando as forças e a saúde; sua beleza reanimava-se e expandia-se como um botão que por muito tempo privado de sol, se abre em flor viçosa.
> Esse milagre, que ela, sorrindo e corando, atribuía ao meu amor [...]. (Alencar, 1951, p. 74)

Com a moléstia fatal – a tísica – enfim derrotada, o casal contrai matrimônio, de maneira que, garantida a intimidade e com ela tendo início os entretenimentos da vida a dois, o narrador confidencia: "Criamos assim um pequeno mundo, unicamente nosso", e depois: "Achamos na quebrada de uma montanha um lindo retiro (...) aí abrigamos o nosso amor e vivemos tão felizes que só pedimos a Deus que nos conserve o que nos deu". Conclui: "Uma linda casa, toda alva e louçã, um pequeno rio saltitando entre as pedras, algumas braças de terra, sol, ar puro, árvores, sombras – eis toda a nossa riqueza" (Alencar, 1951, p. 75).

Em *A viuvinha, Lucíola* e *Senhora,* a forma comporta e expõe, em um mesmo nível de excelência, o ideal configurado, com uma diferença, porém: não o faz com o diapasão do amor para fins da cura física, ainda que a tônica desses livros incida diretamente sobre o valor e os motivos daquela paixão, mas sim, e principalmente, pelo caminho árduo da regeneração moral. Percurso nada fácil, diga-se de passagem, motivando o uso, sobremaneira, de um expediente dramático fortíssimo, ou o meio de se promover o aprendizado de forma mútua: em *A viuvinha,* entre o perdulário Jorge e o Sr. Almeida, que sentencia àquele: "– O senhor está pobre" (Alencar, 1951, p. 93); em *Lucíola,* entre a cortesã e o seu cliente, Paulo, por quem ela se apaixona a pouco e pouco; e, por fim, em *Senhora,* entre Aurélia Camargo e o objeto de sua vingança pecuniária – Seixas. Para os três casos, a mesma forma de progressão dramática, a saber: a vida dissoluta (*Lucíola*) e desregrada (*A viuvinha* e *Senhora*) cedendo lugar à reabilitação como efetivação mesma do ideal, ou o conceito supremo e portanto verdadeiro da humanidade do homem. Aqui, em verdade, o entrecho nada há de ceder à natureza exterior.

Por outro lado, a força poética do texto alencarino, em *Iracema,* como já foi mostrado, sustentará o mítico, com a unificação moral completa e harmônica entre a natureza, o modo de ser e o belo artístico constituindo um exemplo bem realizado de cultivo do homem moral. O amor incondicional de Iracema leva-a a fazer escolhas que resultam em sofrimento e no abandono dos seus; em nenhum momento, porém, a heroína tabajara volta atrás em suas determinações. O filho da dor – Moacir –, símbolo magistral do sacrifício que gera um fruto benfazejo, constitui exemplo dos mais significativos do cultivo mesmo do ideal, conforme afirmado anteriormente.

Todavia, o mesmo não se pode dizer de *O sertanejo*. Neste, o idealismo do amor, ancorado no ideal cortês, não se sustenta em um entrecho sem qualquer sinal de uma harmonia intrínseca, isto é, de uma unidade entre a natureza e o personagem; não há uma comunhão poética entre a verdade heroica e a coerência interna como observado em *Iracema*; pelo contrário, em *O sertanejo*, Alencar busca sustentação na emulação da *mirabilia* e proezas cavaleirescas, soando falso a um contexto sertanejo em que a natureza agreste não funciona como reflexo da integridade moral do protagonista. Saliente-se ainda que a natureza dos caracteres determinantes da história de Arnaldo é essencialmente dúbia, devido ao profundo desacordo entre a grandeza e a motivação formal do todo – a manutenção do amor – e a frágil destinação de sua ação heroica que decai na particularização do desejo de manter a amada inacessível ao noivo arranjado e também a si mesmo.

Referências

ALENCAR, José de. *A viuvinha*. Rio de Janeiro: José Olympio, 1951.

______. *Cinco minutos*. Rio de Janeiro: José Olympio, 1951a.

______. *Diva*. Rio de Janeiro: José Olympio, 1951b.

______. *Iracema*. Rio de Janeiro: José Olympio, 1951c.

______. "Carta a Machado de Assis". In: ASSIS, Machado de. *Correspondência*. Rio de Janeiro, São Paulo, Porto Alegre: W. M. Jackson Inc., 1938.

______. *O sertanejo*. São Paulo: Cultrix, 1969.

______. *Teatro completo*. Rio de Janeiro: Serviço Nacional de Teatro, 1977, v. 1.

______. *Til*. 3. ed. Rio de Janeiro: José Olympio, 1955.

______. "Um desejo". In: FREIXEIRO, Fábio. *Alencar*: os bastidores e a posteridade. 2. ed. Rio de Janeiro: Museu Histórico Nacional, 1981.

ARARIPE JÚNIOR, Tristão de Alencar. "José de Alencar: perfil literário". In: COUTINHO, Afrânio (Org.). *Obra crítica de Araripe Júnior*. Rio de Janeiro: MEC; Casa de Rui Barbosa, 1958, v. I.

BORNHEIM, Gerd. O homem não é um ser natural. *Ambiente*: Revista Cetesb de Tecnologia, v. 4, n. 1, 1990.

CANDIDO, Antonio. *Formação da literatura brasileira*: momentos decisivos. 12. ed. São Paulo: Fapesp; Rio de Janeiro: Ouro sobre Azul, 2009.

LE GOFF, Jacques. *O imaginário medieval*. Tradução de Manuel Ruas. Lisboa: Estampa, 1994.

MARTINS, Wilson. *História da inteligência brasileira*. São Paulo: Cultrix; Edusp, 1977, v. 3.

RIBEIRO, Luis Filipe. *Mulheres de papel*: um estudo do imaginário em José de Alencar e Machado de Assis. Niterói: EDUFF, 1996.

SCHILLER, Friedrich. *Poesia ingênua e sentimental*. Tradução de Márcio Suzuki. São Paulo: Iluminuras, 1991.

SCHLEGEL, Friedrich. *O dialeto dos fragmentos*. Tradução de Márcio Suzuki. São Paulo: Iluminuras, 1997.

SCHWARZ, Roberto. *Ao vencedor as batatas*. São Paulo: Duas Cidades, 1988.

STIRNIMANN, Victor-Pierre. "Schlegel, carícias de um martelo". In: SCHLEGEL, Friedrich. *Conversa sobre a poesia e outros fragmentos*. Tradução de Victor-Pierre Stirnimann. São Paulo: Iluminuras, 1994.

1ª edição [2019]

Esta obra foi composta em Chronicle Text e Sentinel
sobre papel Pólen Soft 80 g/m² para a Relicário Edições.